わが子が家の外では話せないことに気づいたら読む本

～かんもく【場面緘黙】改善メソッド～

中之園はるな
公認心理師

あさ出版

はじめに

家の中ではよく話し、ひょうきんで、生き生きとしているわが子。

外に出ると急に顔がこわばり、人と話せなくなる。

保育園・幼稚園・学校で、一言も話せない。

話せないだけではなく、動けなくなる、固まる（こともある）。

病院で、お医者さんの質問に無反応。

コンビニなどで、声を出して買い物ができない……。

このような状態が1か月以上続くなら、あなたのお子さんは「場面かんもく」【場面緘黙《ばめんかんもく》】かもしれません。

場面かんもくとは、医学上の定義は、精神疾患のカテゴリー（不安障害の一つ）です。

はっきりと特定されていませんが、これには複数の要因があるとされています。

・もともと引っ込み思案で慎重な性格（行動抑制的気質）
・家族に同様の気質がある（家族性・遺伝的要因）
・危険や恐怖に反応する扁桃体が通常の人より過敏（生物学的要因）
その他にも「文化的要因」「心理社会的要因」も指摘されています。

わが子が「場面かんもく」かもしれないと気がついた時、どうしてあげたらいいのかわからなくて悩んでいるパパやママが、たくさんいらっしゃると思います。

でも、
「成長すれば自然に話せるようになる」
という希望的観測のもとで何もしない（できない）ままでいると、アッという間に時は過ぎ、話したいのに話せないという苦しみを抱えたまま、長い時間を過ごすことになるかも知れません。

そうなる前に、まず、お家でできることがあるのです。
本書では、私が開発したメソッドを使って、場面かんもくを改善していくための方法についてわかりやすく解説していきますが、一番身近でわが子を見ていて、すぐサポートできる立場にいるのはパパやママです。

ぜひ本書を参考に、お家でできる〈発話チャレンジの仕方〉を実践してみてください。


私は、公認心理師として精神科クリニックに勤務し、2013年から場面かんもくの子どもとその保護者をサポートしています。

初めて出会ったのは、中学2年の男の子。

試行錯誤しながら、なかなかうまくいかないことも経験しました。

その後、私が担当する場面かんもくのクライアントがどんどん増えていったことから、本格的に有効な支援法を研究し、改善メソッドの構築を進めました。

これまでサポートした「親子」はおよそ4000名に上り、初めてこのメソッドを使って支援した女の子は、3年半で場面かんもくを克服しました。

場面かんもくの子に、話せるだけではなく、自己実現まで目指してほしいという思いでサポートを続けています。

「本当に親のサポートで克服できるんだろうか？」
と心配な方もいらっしゃるかもしれませんが、「Chapter 4」にたくさんの事例を集めましたので、ご参考にしていただけると思います。

一度しかない子ども時代を、朗らかに過ごしてほしい。
お友達とおしゃべりする楽しさを、味わってほしい。

家以外でお話しすることが難しかったわが子が、自分の不安と緊張をうまくコントロールして話せるようになったら、子育ても楽になります。

その先に、家族全員が笑顔になる未来が待っています。

はじめに……3

13 Chapter 1
わが子が家の外で話せないことに気づいたら

よくあるケースⒶ 学校で指摘されるまで親が気がつかない……17
よくあるケースⒷ 周囲のサポートが手厚く困っていなかった……19
よくあるケースⒸ 話さなくても成績が良いから、親が問題視しない……20
よくあるケースⒹ 同年代の子どもが苦手……23
よくあるケースⒺ しゃべれない＋行事に参加できない……25
よくあるケースⒻ 途中から話せなくなった……27

場面かんもく児の行動特徴
① 「話したいのに、話せない」……31
② 話せないのは人・場所・活動内容による!!……37
③ 苦手な人や場面を避ける回避癖がある……42
④ 予期不安が強く、今後の出来事を何でもネガティブに捉える……44
⑤ 挨拶や話し始めるタイミングがわからない……47
⑥ 自分のことを知っている人とは話せないが、知らない人となら話せる……49
⑦ 「しゃべらないキャラ」が定着しているので、今更しゃべれない……51

⑧優柔不断、先延ばし癖 53
「家では話せるのにそれ以外で話せない」《場面かんもく》の基本を学ぼう
【5つの医学的診断基準】（DSM5） 55

59 Chapter 2 子どもを追い詰めてしまう？気をつけたい親の対応

知っておきたい親のNG行動
親のNG行動1 子どもが話せないから、親が代弁する 62
親のNG行動2 先回りして過剰に保護する 67
親のNG行動3 子どもに気をつかいすぎて振り回されている 71
親のNG行動4 「どうして話せないの！」「言えるでしょ！」と、叱責する 74
親のNG行動5 自然に治ると信じて見守る 76
親のNG行動6 学校に細かくサポートを依頼する 78
親のNG行動7 子どもが人前で話せない時に「この子は恥ずかしがりやで……」とかばってしまう 80
親のNG行動8 単に内弁慶なだけと、軽く考える 83

親のNG行動9 学校には行っているから大丈夫と考える……85
親のNG行動10 学校では友達や先生がサポートしてくれるから困らないと考える……87

89 Chapter 3 今すぐ親にできるサポート【場面かんもく改善メソッド】

親が最良の支援者になるための重要な3つのステップ

ステップ❶ 子どもへの正しい関わり方を知る……92
ステップ❷ 場面かんもくについて正しい知識を学ぶ……100
ステップ❸ 発話チャレンジの正しい手順を理解する……106
実践手順① 子どもの良い行動を増やす……108
実践手順② 好ましくない行動の一つ「かんもく状態」の全体像を知る……111

場面かんもくの保護者に特化したかんもくペアレント・トレーニング

かんもくペアレント・トレーニングとは……114
緊張をコントロールする……118
子どもの不安のレベルを知る……124

家庭から子どもの発話の機会を増やす……129
家庭外での発話の機会を増やす……134
学校での発話の機会を増やす……137
チャレンジの成果を振り返る……141

Chapter 4 年齢別 10の事例解説で学べる！【場面かんもく改善ケース】 143

幼児〜小学校低学年
ケース1 支援を始めて4か月で話せるようになったAちゃん……145
ケース2 8か月で「おしゃべりできた」Bくん……153
ケース3 ボイスメッセージを活用して会話ができたCちゃん……161
小学校高学年〜中学生
ケース4 環境が変わって体調をくずし、親子で行きづまっていたDちゃん……165
ケース5 動くことも難しかったEちゃんが夢を叶えた……171
ケース6 癇癪と母親依存が強かったFちゃん……176
ケース7 1年半不登校だったGくんが登校できた！……182

高校生以上

ケース8 複数の支援が奏効し、支援開始7か月で克服したHさん …… 188

ケース9 自閉症スペクトラム障害との併存があるIさん …… 193

ケース10 22年間家以外で話せなかったJさんが、話すことができた …… 198

Chapter 5 Q&Aでわかる!「場面かんもく」について覚えておきたい応用知識 203

Q1 外でストレスがあるからか、家では癇癪が強くて困っています。 …… 204

Q2 学校で、やればできるのに失敗を恐れてチャレンジしないことがよくあります。どう声をかければいいですか? …… 205

Q3 小学校低学年までは話せていましたが、だんだん話せなくなりました。 …… 207

Q4 このまま話せないと、将来就職できるのかと、親の方が不安でたまりません。 …… 208

Q5 自分には価値がない、このままなら死にたいと言っています。 …… 209

Q6 話せないのは自分の努力不足だと言って必死に頑張っていますが、話せません。どう声をかければいいのでしょうか？ …… 210
Q7 知らない人の前では普通に話せます。人を選んでいるのでしょうか？ …… 212
Q8 場面かんもくは、親の育て方が悪いのでしょうか？ …… 213
Q9 進級・進学にあたり、学校側にどのように配慮をお願いすればいいのでしょうか？ …… 215
Q10 嫌なことから逃げる癖がついています。厳しく言った方がいいのでしょうか？ …… 216
おわりに …… 218
参考文献 …… 224
☆チャレンジシート☆

Chapter 1

わが子が家の外で話せないことに気づいたら

皆さん、「場面かんもく」という言葉についてご存じでしたか？

幼いころの「人見知り」との見分けが難しく、「成長すれば治る」と見過ごされてしまいがちですが、実は話したいのに話せないのです。このことは成長段階において大きな影響を及ぼします。

どのように見過ごされてしまうのでしょうか。また、周りにいる人たちにはどう見えているのでしょうか。

1　単におとなしいだけの内気な性格
2　大きくなれば自然に治る
3　問題行動はないから支援の対象ではない
4　話せるのに話さないなんて、反抗的なのではないか
5　意外と頑固なのではないか
6　親の養育に問題があるのではないか

これらはすべて、一般にはよく知られていないために起こる誤解です。

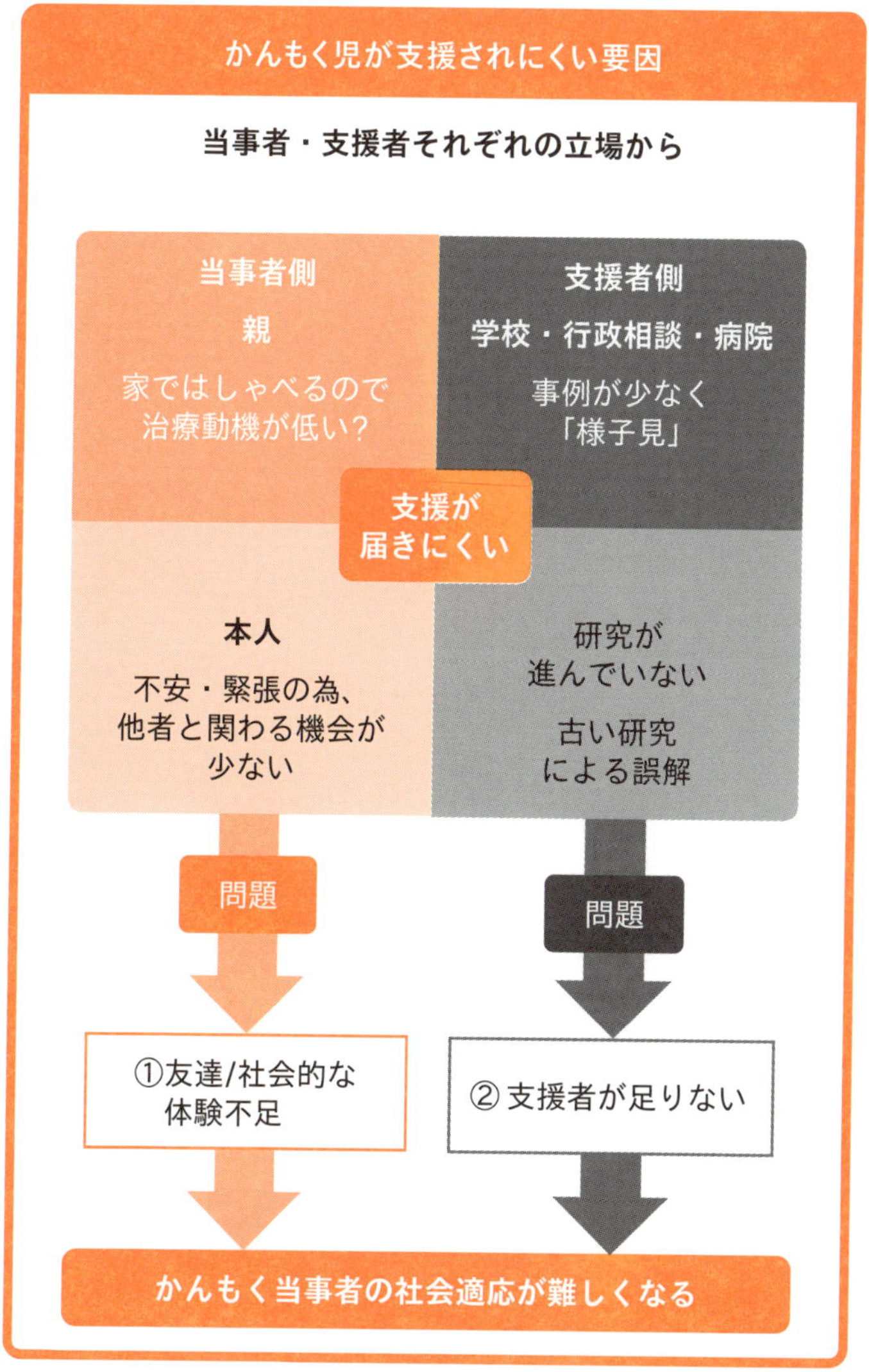
かんもく児が支援されにくい要因
当事者・支援者それぞれの立場から
当事者側
親
家ではしゃべるので
治療動機が低い？
支援者側
学校・行政相談・病院
事例が少なく
「様子見」
支援が
届きにくい
本人
不安・緊張の為、
他者と関わる機会が
少ない
研究が
進んでいない
古い研究
による誤解
問題
問題
①友達/社会的な
体験不足
② 支援者が足りない
かんもく当事者の社会適応が難しくなる

単に内気なのではなく、「不安障害の一つ」と定義されています。

かんもく児は、困っていることも言えなくて、生活にかなりの支障があることを考えると、支援の対象となるはずです。

正しい理解について本書で順を追って解説していきますが、場面かんもく症と言っても様々なケースがありますので、まずは私が関わった実例にそって見ていきましょう。

よくあるケースⒶ 学校で指摘されるまで親が気がつかない

実例

入学以来指摘されないまま高学年になった11歳Uraくんの母の話

【担任の先生から指摘があって初めて学校で話さないことに気がついた】

小さいころから緊張が強いタイプだということはわかっていました。しかし、学校で一言も話さないことには気がつきませんでした。

地域では家族が一緒ですので、本人が自らしゃべることはなくてもお買い物などで困ることはなかったです。学校にはちゃんと登校するし、行事にも参加できるので特に心配はしていませんでした。

本人もそのことを家族に話さなかったので、小学5年生の時の担任の先生に指摘されて、初めて状況を知りました。

息子が一人で頑張っていたのかと思うと、気がついてあげられなかったことを申し訳なく思いました。

よくあるケースB
周囲のサポートが手厚く困っていなかった

実例
特に学校から指摘されないまま高学年になった13歳Ｉｋｕちゃんの母の話

「子どもが話さないことには気づいていたが、問題と認識しなかった」

２歳から保育園に預けていて、なじんでいたと思います。お友達が誘ってくれたら輪に入るタイプです。子どもがその輪の中で話していないことには気がついていましたが、さほど問題とは思いませんでした。

小学校に上がっても、ほぼ同じメンバーで、周囲が今まで通り遊びに誘ってくれるので、特に問題なく過ごしていました。学校に行き渋ることもなく、この環境が小学４年生まで続きましたが、５年生のクラス替えなどで環境が変わった時、行き渋りが始まりました。

よくあるケースⒸ

話さなくても成績が良いから、親が問題視しない

実例1 現在大学生（休学中）。23歳Eitoくんの母の話

成績がいいことで安心していたのかもしれません

幼児期は友達に交じってよく遊んでいたと思います。全く話さないというわけではなく、それなりに会話していたように思います。

小学校入学後は、大人しいタイプなので自分からは積極的に話しかけないほうですが、成績が良かったので周囲からは一目置かれていました。中高生になるにつれ家でもあまり話さなくなりましたが、大学には問題なく入学できました。

しかし入学してゼミに入ると、周囲とディスカッションできない、自分の意見が話せな

いことで固まってしまいました。その後、大学には行けなくなり不登校状態になってしまいました。

成績が良いことで安心してしまい、何とかなるだろうとコミュニケーションの課題を見過ごしていたことが悔やまれます。

実例2 特定の人となら話せるから、どう支援したらいいかわからない。Oくん 12歳の母の話

緊張が強く多勢の人の前で発表できない

小さいころから不安が強いタイプでした。前日に翌日の学校の準備をしていても、何度も確認するようなタイプです。小学4年生までは、仲のいい特定の友達とは小さい声で話せましたが、教室の前に出て発表することや、日直で前に出て話すということができません。自分の席で、その場で立って発表することもできません。息子もとても困っていました。成績は問題なく学校行事にも参加できます。ただそれだけが困り感でしたが、ある時、地域でも声を出して買い物ができないということに気がつき、何とかしてあげたいと思っ

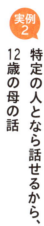

ていました。

その後、場面かんもく改善メソッドを、地元熊本で受けられることを知り、受講しました。4か月ほどで本人に変化が起きて、少しずつ小さなチャレンジをして成功体験を積み重ねることで、「人前で発表する」こともできるようになりました。

よくあるケースD
同年代の子どもが苦手

実例
家ではしゃべるのに幼稚園ではほとんどしゃべれなかった7歳Ｋｏｔｏちゃんの母の話

「大人となら話せるが、同年代の子どもと話せない」


幼稚園年中のころから、周囲にうちとけるのに時間がかかる子だと思っていました。

夏休み明けに行き渋るようになり、年中の終わり近くになって、やっと仲の良い友達ができました。年長でも仲良しはできましたが、そのころ「家では話すのに園では話さないね」と友だちに言われました。

小学校入学後も心を開くのに時間がかかり、初めは教室に入れませんでした。

しばらくして、「単語」のみではありますが、教室でも数人とは話せるようになりました。

でも、授業参観の時などに見ると顔がこわばっていて、笑った顔を見たことがないです。

学校の外に出ると、リラックスモードになります。

話しかけられたら話しますし、日直などの役割は果たせるからでしょうか、担任は、「場面かんもくではないと思う」と言っていました。

でも、家と学校では、娘の表情や態度が全然違うんです。

大人とは話せるのですが、同年代の子どもと話すのが苦手で、「学校で」「同年代」の子と、関われないことが心配です。

その後、私から場面かんもくのことを説明して、担任もやっと理解してくれました。

よくあるケースⒺ しゃべれない＋行事に参加できない

実例

家ではしゃべるが、保育園で大人にも子どもにも全くしゃべれなかった12歳 Sayuちゃんの母の話

［運動会やお遊戯会に参加できない、人に見られることを嫌がる］

娘が家以外では話せないことに気づいたのは、年中（4歳ごろ）の時でした。

もともと大人しいタイプでしたが、外ではほとんど言葉が出ないことに気がつきました。

保育園の運動会やお遊戯会といった行事にも参加できず、固まっていました。

小学校に上がっても同じで、普通クラスにはいるものの、人に見られるのが嫌で大人数が苦手です。

自分の思うこと・感情が伝えられず、不安が強いのでHSC（ハイパーセンシティブチャイルド・いわゆる繊細さん）ではないかと思います。

家ではゲームの話など、関心のあることは話します。コツコツ頑張るタイプで、現在学校には問題なく登校できますが、お友達と話せないことが辛いようで、時々行き渋ることがあります。

担任からは特に支援などの提案はなく、とりあえず話す場面を免除してくれていますが、このままでいいのだろうかと悩んでいます。

よくあるケースⒻ
途中から話せなくなった

実例
家ではしゃべるが、小学校中学年以降学校で話さなくなった現在大学3年生の20歳Tianaさんの母の話

子どもの友達から娘が学校では話さないことを聞かされた

小学3年生のころ、仲のいい子に「学校では全然しゃべらない」と言われました。

娘は、もともとがやがやしているところが苦手で、集団場面を避ける傾向がありました。それでも小学校は何とか登校したのですが、中学1年生で不登校になり、クリニックでカウンセリングを受けましたが改善せず。発達障害のグレーゾーンかもしれないと言われましたが、その時は特にかんもくの診断はされませんでした。

中学校では3年間不登校でしたが、特別な支援は学校からはなく、転院したクリニックでは、カウンセラーと慣れれば話せましたので、ここで場面かんもくの診断を受けました。

通信制高校を選んで進学し、通学もできました。

しかし、大学受験の面接で質問に答えられず不合格。面接のない通信制大学に進学しました。

たまにしか通学しないので、友達ができないのが悩みだと言っています。

いかがでしょうか？　あなたのお子さんに当てはまる事例はありませんでしたか？

いずれのケースでも共通しているのですが、せっかく親が子どもの状態に気がついて公的機関や病院などに相談しても、「様子を見ましょう」と言われることが多いのです。

近年、ＳＮＳの発達により自ら場面かんもくの体験を発信する方が増えて、インターネット上でも様々な情報が検索できるようになりました。

じわじわとその存在が明らかになってはいますが、まだ見過ごされるケースが多く、自治体の子育て支援課などに相談しても、小児科や心療内科を受診しても、具体的な手立てがなされていないのが現状です。

・わが子が「場面かんもくかも?」、と不安になっている親御さん
・すでに「場面かんもく」と診断されているが、どうすればいいか教えてもらえず途方に暮れている親御さん
・そのうち治ると言われたが、何年たってもよくならないと困っている親御さん

そんな皆さんに、知ってほしいことがあります。
場面かんもくのお子さんにとって、親は最強の支援者です。
専門家のところに行く前に、家庭でできることがあります。

場面かんもくの克服には段階がありますので、話すことばかりに目を向けず、子どもの全体像を観察して、生活スキルをアップさせることも大切です。
できることから、スモールステップで楽しくトレーニングすることで、子どもは変化していきます。

次からは、場面かんもく児の具体的な特徴・行動について見ていきましょう。
その子を理解し、最適なサポートをすることで、目覚ましい改善が見られた例がたくさんあります。

そんなサポートができるのは、まずは一緒に生活している家族であると、強くお伝えしたいと思います。

現在の悩みを克服できたら、お子さんにはどんな未来が待っているでしょうか？
話せるようになることで、希望は、ずっとつながっていくのです。

場面かんもく児の行動特徴

1 「話したいのに、話せない」

安心できる人と一緒にいる時や、リラックスしている時はお話しすることができる。家では話すのに、外では話さない。どうして？

周囲の人から見れば、「不思議」です。

高校2年生で私のサポートを受けて話せるようになったKちゃんは、「話せなかった時は、家以外で話そうとすると、のどがきゅっとしまった感じになっていた」

と言っていました。

小学5年生のSくんは、「学校で声が出ないのは自分の努力が足りないからだ」と思い、発表などを頑張っていたそうです。かろうじて声は出るものの、緊張してとても疲れてしまい、家に帰るとぐったり。癇癪を起こして家族に当たるようなこともありました。ある時、「もう頑張れない」と言って辛そうにママに話したそうです。家では話せるのだから、話せないのは自分のせいだと自分を責めて頑張っていたのですが、その時力尽きてしまったんですね。

のちに私のサポートを受けるようになった彼に、心理教育を行いました。

心理教育とは、今この子が抱えている困り感がどうして起こるのか、メカニズムと解決法などを解説することです。そこで、今S君に起こっている「場面かんもく」のことを知ってもらうと、

「自分のせいじゃなかったんだ」

と、非常に安心していました。

他にも、幼稚園年長のUちゃんは、ママに、

「幼稚園でお話ができないの。どうしてかわからない。だから行きたくない」

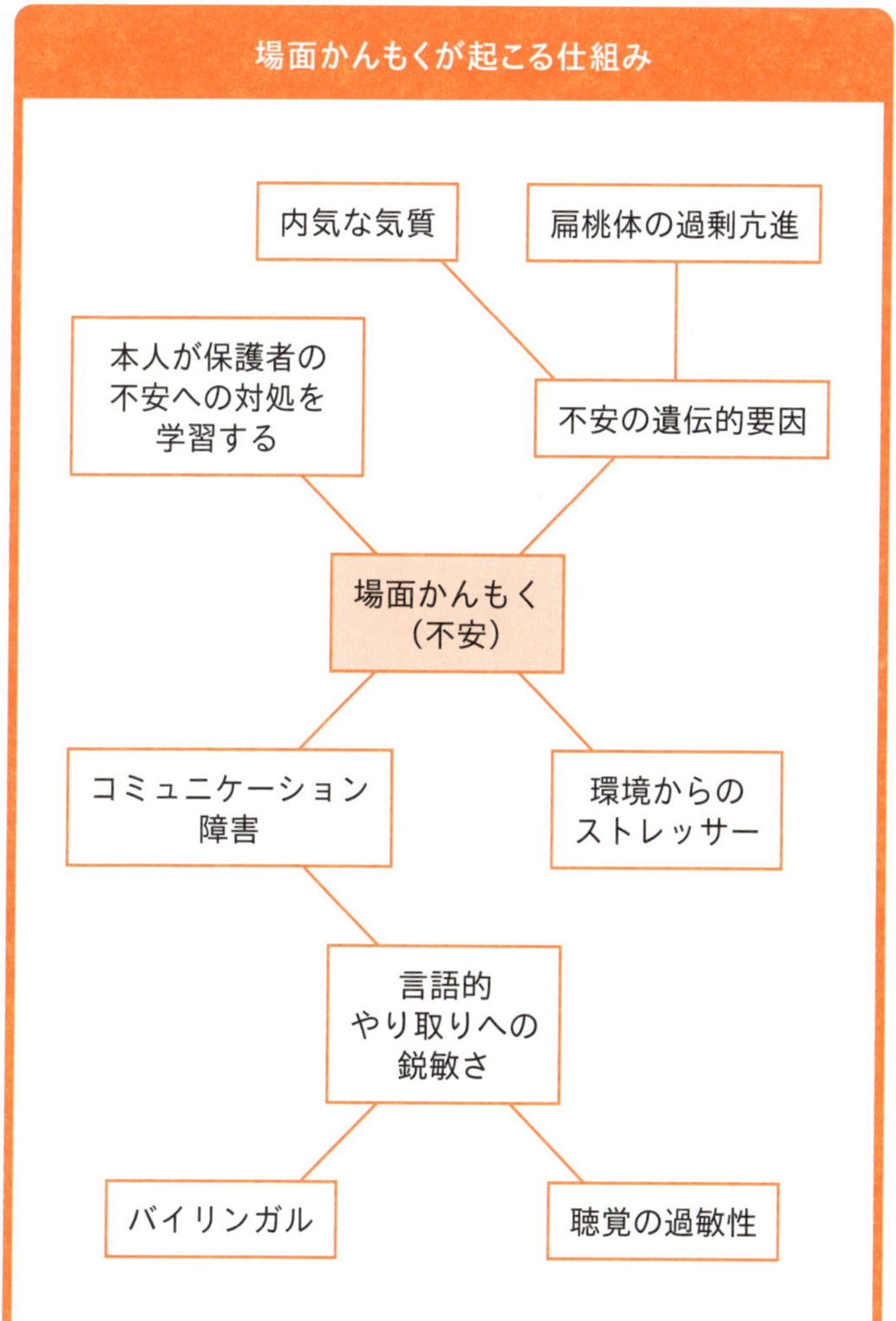

（エイミー・コトルバ・丹明彦監訳
『場面緘黙の子どものアセスメントと支援』p.30の図をもとに著者作成）

と悲しそうに訴えたそうです。

当事者として、わざと話さないのではなく、「話したいのに、話せない」ことを訴えているのです。

医学的には、「場面かんもく」は不安障害の一つとされています。

脳や喉の身体的機能に障害はないので、話すことはできます。

しかし、「話すことが求められる特定の社会的場面で話すことが難しくなる」というのが代表的な症状で、その原因は特定されてはいませんが、複数の要因が関係すると言われています。

・もともとの気質（性格）が内気で不安を感じやすく、石橋をたたいても渡らない。

・家族にも内気で不安を感じやすい気質の人がいる（不安障害は遺伝的要因があるとされています）。

・地域性やバイリンガルの影響。

Ｌｏｆｆ（１９７１）によると、アメリカ・ケンタッキー州のアパラチア山脈にある人里離れた小さな集落が点在する地方では、他の集落とも交流が少なく、場面かんもくの子どもが高率で発生しているという報告があります。

・不安や恐怖に反応する扁桃体の過敏性。
扁桃体は、人間の脳の中にある安全装置の役割を担っています。考えるより先に身を守る体の反応として起こるので、体が危険を感じ、「逃げるか戦うか」の反応をする際に逃げる（話さない）反応をすることで、それ以上不安が大きくなることから身を守っていると言われています。

つまり、本人や家族の不安になりやすい生物学的要因と、他者との触れ合いが少ない中で育つといった環境要因などが関係していると考えられているのです。

しかし、一般の方には場面かんもくのことはよく知られていませんから、公的機関や病院に相談しても、先にも述べたように、
「成長すれば、そのうち治ると思います。様子を見ましょう」
と言われるケースが多いのです。

確かに、「自力で治りました」という方々にもお会いしたことがありますが、その間の苦しみを考えると、

「様子を見て、自然に治るのを待つ」

といった対応でよいのか、疑問に思わざるを得ません。

2 話せないのは人・場所・活動内容による!!

本章の事例で紹介したように、場面かんもくにはさまざまなタイプがあります。
4つのタイプに整理して、詳しくみていきましょう。

タイプ1 「家ではよく話すが、家族以外の人とは全く話せない」(人・場所による)
(家と外の態度の差が大きい典型的なタイプ。行動の制限は少なく、学校行事にも、しゃべることを強要されなければ問題なく参加できる)
このタイプは、まじめに登校し、テストも受け、行事にも参加し、問題行動は起こさない、いい子です。そのため、単純に「大人しい子」として、放置されがちなタイプだとも言えます。

タイプ❷「家以外でもごく限られた一部の人となら話せる」（人による）

（小さいころから仲良しの子や、よく慣れた習い事の先生など）

このタイプは、全くしゃべらないわけではないので、一番不思議に思われるタイプでしょう。「あの人とはしゃべるくせに、私とはしゃべってくれない」とクラスメイトから思われてしまい、関係性が悪くなってしまったという話も聞きます。このタイプは、少し話せるので音読もできますし、「YES・NO」など聞かれたことに単語で返事もできます。話せる時と話せない時があるので、場面かんもくではないと認識されて、かえって支援の手が入りにくいことも起こりえます。

タイプ❸「家以外で話せないことに加えて表情が硬い、行動が止まって固まることがある」（場所による）

（笑顔などの感情表現がない。動きや反応がとてもゆっくりで、トイレに行けなかったり、給食が食べられなかったりすることもある）

このタイプは、困り感が周囲からも見えやすいタイプです。周囲が話しかけても反応がない。いつも黙っているし、無表情。動作もゆっくりで、固まってしまうことがあります。

周囲もどうしてあげたらいいのかわからず、困惑します。そのため、親も先生も腫れ物に触るような態度になってしまいがちで、様々な行事に参加することも難しいため、参加を免除されているケースも多いようです。

学校としては、支援の方法がわからないので、少しでも過ごしやすいようにとの配慮をされているのだと思います。それ自体は、合理的配慮と言えるかもしれません。

しかし、免除され続けていると、楽しい行事にも参加できず、「体験が不足」したままになります。

思い出も作れないまま学校生活を終えてしまうのを残念に思うのは、私だけでしょうか？

タイプ④ 自閉症スペクトラム障害（以下ＡＳＤと表記）と場面かんもくの併存

（もともとこだわりが強いタイプ）

このタイプは、場面かんもくに3割程度存在すると言われていて、私のクライアントの中にも一定数いらっしゃいます。

病院で診断を受けている子と、「グレーゾーン」と言われたという子がいます。

研究者の間でも、様々な分類があります（大井ら１９７９、荒木１９７９、CoHan,2008）が、カテゴリー化することでその子の特徴の理解に役立ち、支援がしやすくなると考えています。

場面かんもくor ASD傾向の簡易見わけ表

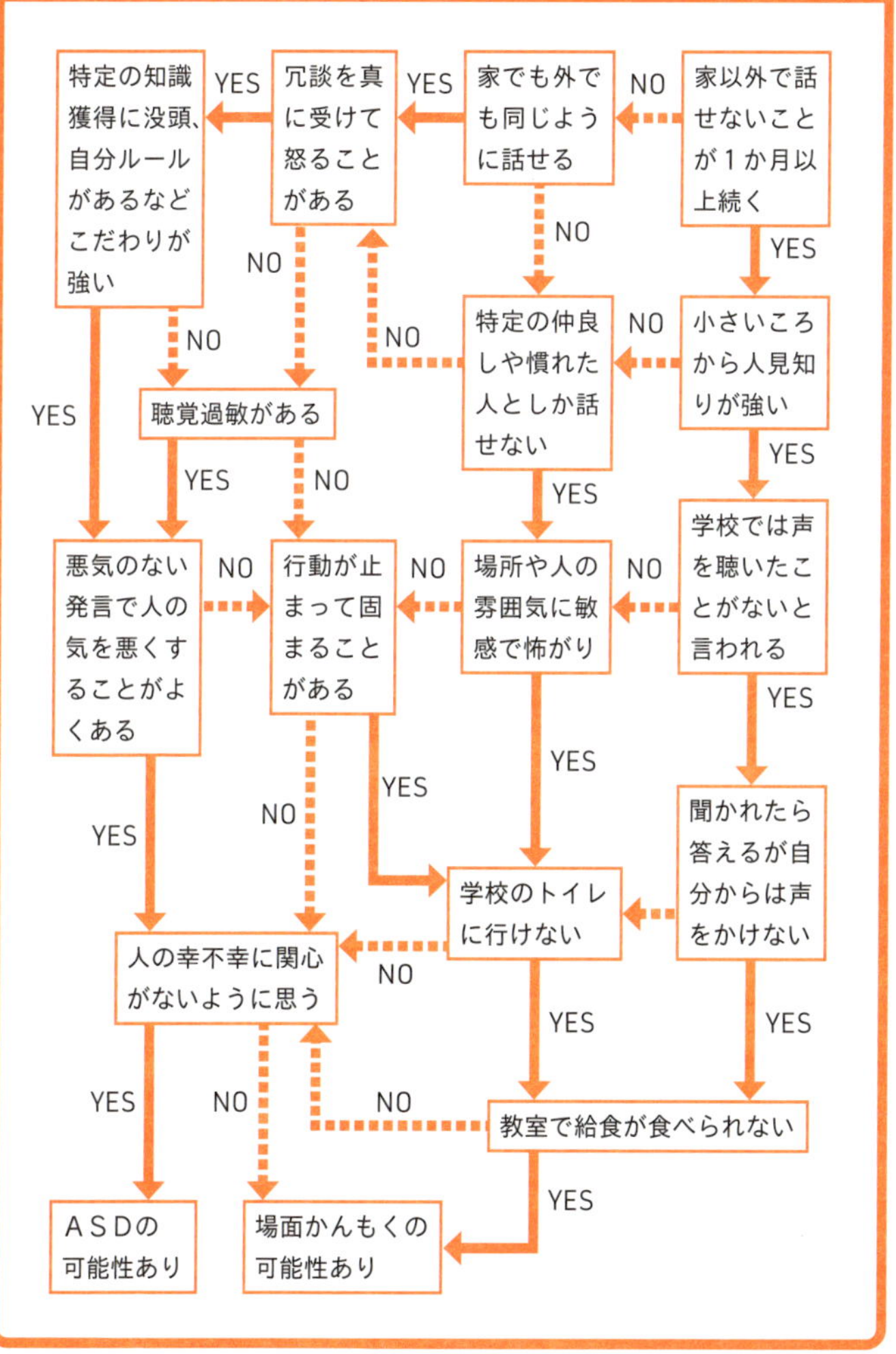

3 苦手な人や場面を避ける回避癖がある

生まれつきの性格として、内気で引っ込み思案、自分から前に出るタイプではないのに加えて、不安や緊張を感じやすいことから、ちょっとでも苦手、できそうにないと思うと、「やらない」と言って回避してしまうのです。

「やらない」と言わなくても無言でいると、家庭では親が代弁したり、学校でも「もういいよ、無理なんだね」と認識されて、クラスメイトが代行するといったケースも、「回避癖」を助ける結果になります。

例えば、家族でレストランに出かけた時など、注文はどのようにしていますか？

子どもがはっきり言えないからと、

「○○ちゃんは、ハンバーグでいいわよね！」

などと先回りすることが習慣化していませんか?

せっかくの話す練習の場ですから、場面かんもくのお子さんを持つパパやママは、意識して店員さんに直接注文する形式のお店を選び、子ども自身が食べたいものを注文する機会を作ってほしいのです。

レストランで注文するぐらい、大したことではないと思いますか?

しかし、そのような場面で親に代行してもらうことを習慣にしていると、いつまでたっても自分でできるようになりません。

知らず知らずのうちに、親が子どものかんもく状態の維持に貢献しているのです。

こういう日常的な行動も、自分で意思表示をする大切なトレーニングになるのです。

4 予期不安が強く、今後の出来事を何でもネガティブに捉える

何でも悪い方に考えるというのは、もともとの気質（性格）によるところが大きい特徴です。

頭の中が、いつも「心配なこと」でいっぱいになってしまうのです。

自分から友達を遊びに誘いたくても、「断られるんじゃないか？　嫌がられるんじゃないか？」と不安になって、結局声をかけられないというのです。

まだ起こってもいない明日のことや将来のことをネガティブに捉えてしまうのは、認知の癖と言ってよいでしょう。

ポジティブに想像することが、難しいのです。

これも不安から身を守ろうとする防衛反応で、頭の中でいつも身構えているため、人前では緊張しがちになります。


場面かんもくの子どもの支援をするために、まず親御さんにお話を伺うと、

「私も不安が強いタイプです」

「私も、小さいころは学校で話せませんでした」

という話を聞くことが、よくあります。

親御さんが不安でいっぱいだと、それは表情や態度に出ます。すると、脳のミラーニューロンの働きで、子どもにも伝わってしまいます。

これは場面かんもくの親子だけでなく、誰にでも起こります。

特に幼児では、親御さんの不安や緊張はすぐに伝わり、親子で不安のループが起こってしまいますので、親御さんの気持ちを安定させておくことが、とても大事なのです。

例えば私が支援したケースで、ご両親ともにとても心配症で、細かいところまで「予期

不安」を持っているという方がいらっしゃいました。小学校入学を前にして話せないお子さんよりも、ご両親の方が不安そうでした。

パパやママが、「何があっても大丈夫」と本気で思っていれば、それは子どもに伝わります。

親が子どもと同じ気持ちで不安になっていたら、子どもを助けることはできないのです。

まず親の方が、自分の不安をコントロールできるようになることが大切です。

5 挨拶や話し始めるタイミングがわからない

相手の話の切れ目や、返事を促されている状況がよくわからないというのも、場面かんもくの特徴として、よく聞く話です。

タイミングが掴めないまま、話したくても話せなくなってしまうのでしょう。

一般的には、人と会話をする時、相手の話が終わって、どのタイミングで自分が話し始めるとスムーズな会話になるのか、ターンの見極め方といったものを、どれぐらい意識しているでしょうか？

いつも緊張している場面かんもくの子から、

「うなずくタイミングや会釈をするタイミングがわからない」

と聞いた時、なるほどと思ったものでした。

そこで、うなずく練習をする時に、初めはママに付き添ってもらって、「タイミングを知らせるように背中にタッチする」という方法を試してみました。

これを何度か繰り返し、うなずきや会釈のタイミングが掴めたらタッチをしないようにして、練習を重ねていきました。

コミュニケーションは、「場数」です。

タイミングを掴むコツも、実際に何度も経験してみないと身につきません。

6 自分のことを知っている人とは話せないが、知らない人となら話せる

場面かんもくと人見知りの大きな違いとして、こんなことがあります。

例えば、私が個別で小4からカウンセリングをしているAちゃん（現在高1）は、学校はもちろん、家の近所ではどうしても話せなかったのに、県外のおばあちゃんの家に行った時には話すことも、お店などで注文をすることもできました。

これは、**自分のことを誰も知らない**から初対面の人は平気なのです。

人見知りの場合は、初対面の人と話すのが苦手ということが多いので、正反対です。

自分が場面かんもくで「外では話せないということを知らない人」とは、安心して話せるようです。

同じように、自分の生活圏内では話せないけれど、旅行中などは問題なく話せるという

小学生の男の子もいました。

旅行先では家族（安心できる人）と一緒だし、一過性の出会いだから安心して話せますが、普段から身近にいるクラスメイトや近所の人は、自分が話せないことを知っている状況で、話さないことが習慣化・固定化していると考えられます。

7 「しゃべらないキャラ」が定着しているので、今更しゃべれない

小学校も高学年になると、人にどう思われるかが気になってきます。

身だしなみを整えて、おしゃれをして、素敵な自分でいたいし他の人からもそう思われたいのです。

一方、場面かんもくの子は、小さいころから「人前でしゃべれない」ということを誰もが知っているわけです。低学年のころはみんなが優しく助けてくれるので安心していたものの、ふと気がつけば「しゃべらない子」としてクラスのみんなが認識しているので、学校全体でもそう思われているに違いないと考えるのです。

「しゃべりたいけど今更しゃべれない」「いきなり話したら変に思われる」という思いから、話すきっかけを失ってしまうのです。

そしてここで注意が必要なのですが、先生やクラスメイトは、場面かんもくの子がたまたま「話した」としても、大騒ぎをしないでほしいのです。

「あ、しゃべった！」

と、びっくりして思わず口にしてしまうかもしれませんが、それはＮＧです。

かんもくの子は、その周囲の反応に驚き、とたんに緊張が高まってしまうのです。

もともと目立つのが嫌いですから、萎縮して「話さなければよかった」と思ってしまいます。

派手に周囲が喜ぶと傷ついてしまい、「やっぱり今更しゃべれない……」となってしまうのです。

ですから、もし、たまたましゃべっても、そっとしておいてほしいのです。

心の中で拍手をしてあげてください。

もしくは、そっと微笑んであげるくらいがいいと思います。

8 優柔不断、先延ばし癖

場面かんもくの子のよくある特徴として「自分で決められない」、やるべきことを「先延ばしする」というものがあります。

当然個人差がありますが、場面かんもくの子は何かを選ぶ時、決めるのに時間がかかりがちです。

場面によるところが大きく、多くは緊張を伴う社会的場面ですが、家でも優柔不断だという子もいます。

ＹＥＳかＮＯか、または選択肢ＡＢＣのどれかを選ぶのに、長く考えているのです。

親は、しばらく待っても返事がないので、相手を待たせていることにイライラしてしまいます。

「どれにする?」「早くしないと!」と促しても、まだ反応がない。

最終的には、親が代わりに、

「これでいいね」

と決めてしまうようなことが起こります。

親に促されたものにうなずくという返事の仕方が癖になり、いつもこのパターンで人に決めてもらうことに安心感(メリット)を得てしまうと、自分で決めるより相手に決めてもらおうとする行動が身についてしまいます。

「家では話せるのにそれ以外で話せない」〈場面かんもく〉の基本を学ぼう

【5つの医学的診断基準】（DSM5）

① 家などでは話すことができるが、ある特定の状況（例えば学校のように、話すことが求められる状況）では、一貫して話すことができない状態。

② このことで、子どもは、学業上職業上の成績、または社会的な交流の機会を持つことを、著しく阻害されている。

③ この状態が少なくとも1ヶ月以上続く（学校に入学した最初の1ヶ月に限らない）。

④ 話すことができないのは、その状況において、話す言葉を知らないとかうまく話せないという理由からではない。

⑤ コミュニケーション障害や自閉症スペクトラム障害、その他の精神病性障害の経過中のみに起こるものではない。

＊最新のDSM5－TRでは「臨床場面では場面かんもく症とASDの併存が多い」と明記されています。

現在心療内科などの医療機関では、この定義が多く用いられています。

場面かんもくの医学的診断ができるのは医師だけですので、支援のために「診断」があったほうが良いと判断されれば、医療機関にご相談されてもいいと思います。

ただ、この5つをすべて満たしている子だけが場面かんもくと診断されるかどうかは、わかりません。他の疾患が隠れているかもしれませんし、併存しているかもしれないのです。

医師は、診断基準を基に様々な観点から総合的に判断します。

私は公認心理師という立場ですから、診断はできませんが、この診断基準や成育歴、受診歴、その他、生活上の困り感に焦点を当ててサポートをしています。

その子がどんな自分になりたいのか？

どんな自分でいれば生活が楽しくなるのか？

場面かんもくの子は私と直接お話しはできませんので、保護者に困り感をお聞きします。

保護者は子どもの様子を見ていて、その困り感をお話ししてくださいます。

・話せるようになりたい
・お友達がほしい
・お友達ができなくて辛い
・話せないことで学校にいるのが苦しい

このように、家では心情を吐露してくれる子もいます。

また、保護者の心配としてよく言われるのは、
・将来仕事ができるようになるのだろうか
・お友達がずっとできなくて学校に行けなくなるのではないか

・今は困っていないようだが、周囲のサポートがなくなった時が心配というものです。

Chapter 2

子どもを
追い詰めてしまう？
気をつけたい親の対応

これまで多くの場面かんもくの子を持つ保護者と触れ合ってみて感じるのは、皆さん一生懸命子育てをされているということです。

ところが、何とかわが子を話せるようにしてあげたいという気持ちが空回りしてしまう、勘違い行動があります。

心理師である私も、初めて場面かんもくの子どもと会った時は、試行錯誤の連続でした。従来のやり方で色々心理療法を試しても、うまくいかず途方に暮れた時期がありました。

ですから、お母さんがお子さんのために、よかれと思いつつ勘違いな対応をするのも無理のないことです。ただ、はじめの一歩を間違えてしまうと、なかなか負のループから抜け出せなくなり、親子関係が悪化し、かんもく状態がさらに継続してしまう可能性が高まります。そうならないためにも、まずはこの勘違いについてお伝えしておきましょう。

次の図は、適切な支援を始めた場合と、そうでない場合に予想される結果です。

実際に私が支援した子どもたちは、症状の緩和／改善／克服への道を進んでくれていますが、様子を見るしかなかった子たちの中には、うつ・不登校・引きこもりとなってしまう例があります。「いつか治る」と楽観視するばかりだと、子どもの大切な将来を二次障害へと発展させる可能性があります。

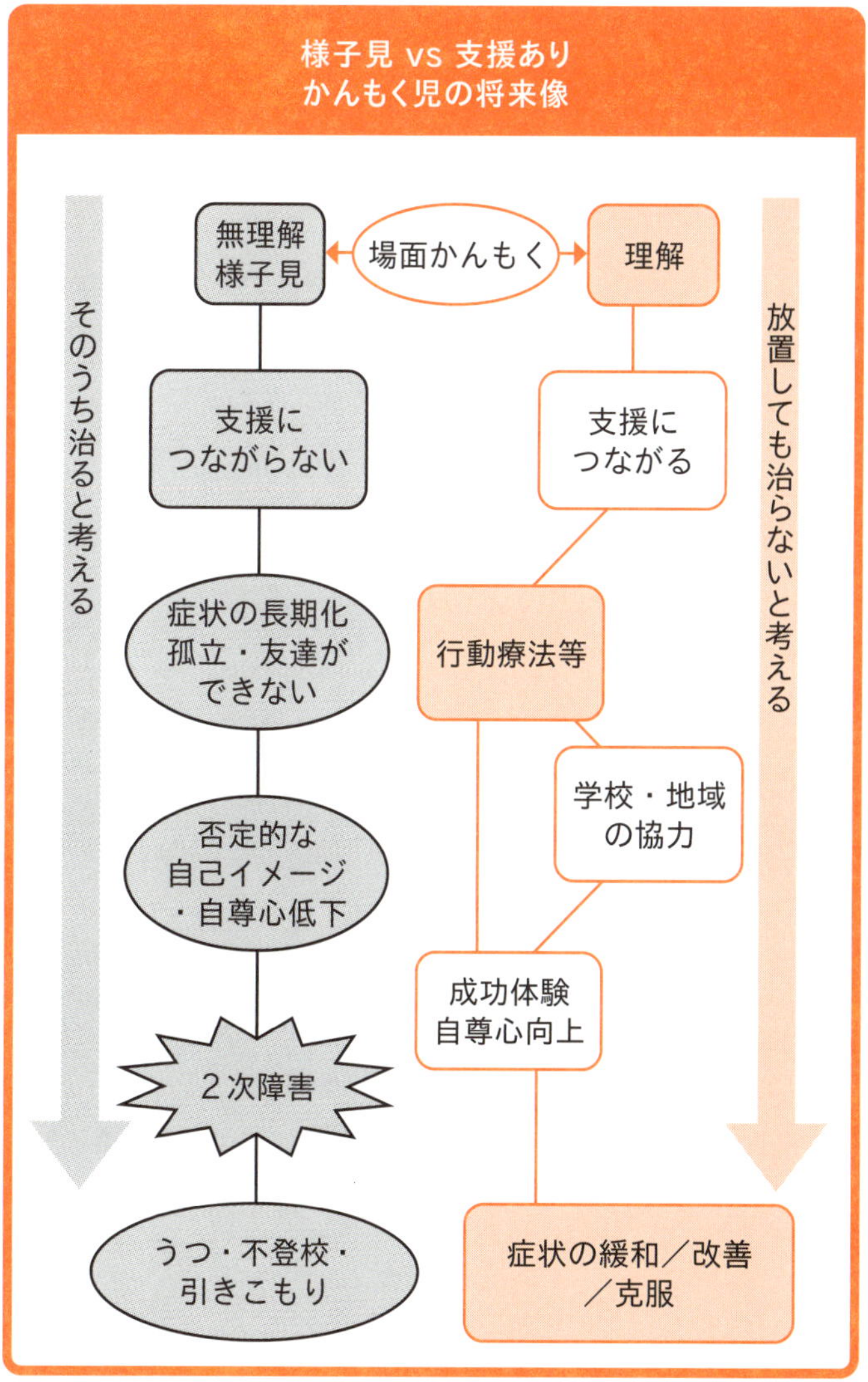
様子見 vs 支援あり
かんもく児の将来像
無理解
様子見
場面かんもく
理解
そのうち治ると考える
放置しても治らないと考える
支援に
つながらない
支援に
つながる
症状の長期化
孤立・友達が
できない
行動療法等
学校・地域
の協力
否定的な
自己イメージ
・自尊心低下
成功体験
自尊心向上
2次障害
うつ・不登校・
引きこもり
症状の緩和／改善
／克服

知っておきたい親のNG行動

親のNG行動1

子どもが話せないから、親が代弁する

親のあるある行動の代表格が、「親がすぐに代弁してしまうこと」です。

場面かんもくの子どもは、お家以外では、誰かに話しかけられても質問されても答えられない状況ですから、仕方がありません。

そんな時、親は次のようなことを考えてしまいます。

・いつまでも返事をしないことで、相手を待たせては申し訳ない
・子どもが無言でいることに耐えられない
・この場を早く、無事に終わらせたい
・この子はしゃべれないから私が助けてあげないといけない

そうして、いつもの習慣で自動的に親が代わりに話してしまうのです。

あなたにも、心当たりがありませんか？　実はこのことこそが、「かんもく状態を助けている」のです。

図で表すと、次のようになります。


【ある状況】で、【ある行動】をしたら、【メリットがあった】。

↓

【話すことを求められた時】【無言でいると】【代わりに親が答えた】。

こうなると、子どもには「自分で話さなくてもいい」というメリットが訪れ、子どもの不安な気持ちは緩和されます。

これは一時的なメリットであって問題の解決にはならないのですが、その場が何とか収まるので、このパターンは色々な場面で起こります。

レストラン、病院、コンビニ、公園などなど、ありとあらゆる社会的場面で、子どもが自分で話すことを求められた時、親が近くにいたら、いつも親の顔を見てきませんか？

子どもの無言の「助けて」のサインです。そうなると、親はつい代弁してしまうのです。

行動の原理

状況 ➡ 行動 ➡ 結果

ある状況 ➡ ある行動の後にメリットがあると、
その行動は再び起こる

例えば

レストラン	⇒	無言	⇒	代弁してもらう
状況		行動		メリット

これは色んな場面で起こります

学校、コンビニ、病院

話すことを求められると
いつも親を見る ☞ 依存

そしてこれが習慣（いつものパターン）になってしまうと、このループから抜け出すことは難しくなります。

では、どうすればいいのでしょう。

改善のためには、本人のするべき課題を肩代わりしないこと。つまり、親が代弁するのをやめるのです。

ほんの少しの勇気でできる「行動」から、本人にチャレンジさせることが大切です。

この状況で本人に何ができるか？　話せないなら本人ができる代わりの行動は何か？

どうすれば相手に意思表示できるか？

「初めの1歩」を、一緒に考えてみましょう。

例えば、レストランでは、子どもにどうしてほしいですか？

この場面での、子どもの望ましい行動は何かを考えます。

そう、「食べたいものを自分で注文する」ですよね。

言葉が出ないのなら、メニューを指さしてもいいんです。

これも、れっきとした子どもの意思表示です。


他にも、近所の人に出会って、子どもに挨拶をしてくれたのに、子どもは無言でいる時。

親は気まずいですよね。


こんな時は、帰宅してから、子どもと話し合います。

「さっきは近所の〇〇さんと出会ったけど挨拶が難しかったね。緊張したのかな？　今度、近所の人に出会ったらペコっとお辞儀してみようか？」

と、会釈をすることを提案する。

そして、次の機会に同様の場面で、お辞儀ができれば意思表示成功です。褒めてあげてください。

たったこれだけのことですが、言葉で表現できない場面かんもく児にとっては、自分でできたという大切な成功体験なのです。

親の
NG行動
2

先回りして過剰に保護する

これは、親御さんの「不安」に起因すると考えられます。

子どもができるかどうかを常に心配し、親が不安になっているのです。

例えば明日、学校で子どもが苦手な体育大会・音楽発表会などの練習がある。うちの子はできるだろうか？　できなかったら辛い思いをするのではないか、という不安が頭をよぎります。それに耐えられず、担任に連絡し、

「明日の△△にはうちの子は参加が難しいと思いますので、見学させてください」

と、子どもに相談しないで決めてしまう……。

今までの経緯から、親はあらかじめ予防線を張りたくなるのです。

あの時もできなかったから、今回もできないだろう、恥ずかしい思いをさせてはかわいそう。

そもそも、自分から「見学させてください」と言えないのだから。

こんな親心は、心情としては理解できます。

ここで安心しているのは、親の方です。「できなかったらどうしよう」と心配する気持ちが収まりますよね。でも、これを心配するのは本人の仕事です。

こうしておけば、親は一安心。本人も、もちろんそうかもしれません。何も考えなくても、自分で伝えなくても、苦手な状況を、いつの間にか免除されているのですから。

しかし、この状況は、自立とは程遠いものです。

子どもの気持ちはどうなんでしょう。

本当は、何らかの形で参加したいのかもしれませんよ。

ぜひ、子どもと話し合ってください。

「明日はあなたの苦手な○○があるけど、どうする？　できそうかな」

「無理」「できそうにない」と答えたら、**それを自分で伝える方法を一緒に考えましょう。**

担任の先生に、子どもが自分でお手紙を書くのも一案です。

それなら、自分の意思を自分で伝えたのだから、成功体験になります。


気を利かせて親が予防線を張ることが子どものコミュニケーションを妨げる結果になる

ことを、一度立ち止まって考えてみてください。

どんな時も、子どもが自分でできることはないかを考えてみましょう。

小さな「やればできた」の成功体験が積み重なって、子どもの中に自信が生まれてきます。

チャレンジすることにメリットを感じて、新たなチャレンジの意欲がわいてきます。

【見学したい行事がある】→【自分でお手紙を書いて先生に渡した（意思表示）】→【自分でできた・嬉しい・伝わった（メリット）】

メリットのある行動は再び起こるという、行動の原理が働いています。

親が勝手に予防線を張ることで、子どもが自分で考えて「選択する」自由を阻害していませんか？

まず、子どもがどうしたいのか、話し合うことです。

「本当は参加したいけど、できそうもない。怖い」

と言うなら、欠席や見学の意思表示を自分でする方法を考えてみることが大切です。

他にも、子どもの宿題をほとんど全部やってしまうママがいらっしゃいました。

「ママ、これ（宿題）やって。私、できないもん」

ママは「仕方ないわね～」と思いつつ、やってしまうのです。

そして翌朝になり、想定外の言葉が子どもの口から出ました。

「ママ、今日の△△は、××がいるんだって」

ママは、「急に言わないでよ」と慌てながらも、その準備をします。

さてこれで大丈夫、と安心したのはママの方ですね。子どもも、もちろん安心でしょう。すべての準備を自分ではなくママが肩代わりしてくれたのですから、楽勝です。いそいそと学校へ出かけていきます。

これで大丈夫ですか？　いつまでこれをしますか？

宿題を完璧にできなくても、できるところまで自分で頑張ればそれでいいのですから、肩代わりをしないことです。

親のNG行動3

子どもに気をつかいすぎて振り回されている

高校1年生の女子のママの事例です。

この子は朝起きるのが苦手で、制服に着替えるなど、準備にも時間がかかります。

ママはいつも、

「もう○時よ、学校に間に合わないよ」

と声を掛けるのですが、当の本人はいつまでもぐずぐずしています。家でもあまりしゃべらない子ですので、すべてが親主導で事が運びます。

「遅刻するから、早く車に乗って！」

とママが急かしても、本人は特に急ぎもしないという日々が、高校に入学しても続いていました。

ママの頭の中は、とにかく学校に送り出さないと、放っておくと遅刻する、もしかしたら行かないかもしれないという不安でいっぱいなのです。思うように動かない子どもにイライラしながらも、遅刻や欠席になるといけないから「自分が送っていく」ということになるのです。

私のところに相談に来られた時、「困っていること」として、この毎日の学校への送り出しのことを話されました。様々な場面で、手がかかって仕方がないと疲れ切っておられました。

この高校1年の女の子は、家以外で話せないという症状以外に、生活全般を親に依存していました。家でも、都合が悪いと黙ってしまう子です。

この状況は誰が作っているのでしょうか？　意外と自分では気がつかないものです。ママはいつも一生懸命です。

親自身の不安や、親子で依存しあっている現状に気づくことが大切です。

学校に行くも行かないも、本人の責任です。遅刻したとしても、自分の行動の責任は自分で負うべきです。親の不安が強く、それを解消するために頼まれてもいないのに過剰な手助けをしてしまっている事例でした。

この親子のサポートは、生活面の自立から始めました。

まずは、ママに起こされなくても、朝は自分で起きるという行動目標を立てました。これを達成するための工夫を一緒に考えました。

こうして、1つ1つの行動を親が肩代わりせず、子どもが自分で行う目標を達成していき、数か月後には、子どもが自分で起床して、自力で登校できるようになりました。

これだけでも、ママの悩みが消えて、ずいぶん楽になったと喜ばれました。

社会的場面で話せないことへのアプローチは、その後の課題となります。

親のNG行動4

「どうして話せないの！」「言えるでしょ！」と、叱責する

「話したいけど声が出ない」、場面かんもくのメカニズムを理解することが大切です。すると、なぜ声が出ないのかわかります。

社会的場面で黙っているのは、気まずいですよね。

でも、わざとではないので、叱責しても話せるようにはなりません。

場面かんもくの要因の一つに、扁桃体の過敏性仮説があります。

扁桃体は、危険や恐怖を察知して、自分の身を守る役割があります。この「体の反応」は「逃げるか闘うか」です。

場面かんもくの子どもの場合、「逃げる」反応として、しゃべれなくなると考えられています。

扁桃体は本来、危険をとっさに回避するための安全装置ですが、安全な場所でも勝手に反応してしまうとしたら、わざと黙っているわけではないのです。

しかし、ここに64ページで紹介した行動の原理も働きます。

【話すことを求められる状況Ⓐ】→【無言でいるⒷ】→【不安が軽くなるメリットがあったⒸ】

メリットのある行動は再び起こるので、Ⓐ・Ⓑ・Ⓒに無限ループが始まって自分では止められなくなります。

親に「挨拶しなさい！」「何でできないの！」と何回言われても、子どもは辛くなるだけです。

親には自分の気持ちをわかってもらえないんだと、寂しい気持ちにもなるでしょう。

場面かんもくが起こるメカニズムを正しく理解して、子どもの辛さをわかってあげることが大切です。

親のNG行動5

自然に治ると信じて見守る

子どもと親は別の人格です。育ってきた環境も時代も違います。

例えば、親にもかんもくの傾向があったが自然に回復したので、子どもも大丈夫と楽観視している親御さんがいます。しかしそこには何らかのきっかけがあったはず。心の支えになってくれる友人がいたとか、上手にサポートしてくれる信頼できる先生に出会ったなど。

現在60代のFさんは、私と知り合って初めて「場面かんもくという言葉を知った」そうです。

Fさんは、お会いした時から普通に楽しく会話ができる人でした。しかし、「実は小学校5年生まで学校で声が出なかった」そうなのです。

元場面かんもく児だったことなど全く感じさせないFさんに、どのようにして克服したのかを尋ねたところ、信頼できる先生との出会いがあったとのことでした。

その先生は、Fさんのことをありのまま受け入れて、特別扱いせず普通に接してくれたといいます。そのことに安心を覚えたFさんは、「この先生とならら話せるかもしれない」と思い、そこから少しずつしゃべれるようになったとのことでした。

他の先生たちは、態度に違和感があったとも言われていました。

あなたのお子さんにも、そのような支えになってくれるお友達や先生はいますか？

もし今、サポートしてくれる友人がいて、学校の先生も理解がある環境なので、さほど困っていないとしても、環境は常に変わっていきます。

クラス替えがあれば、担任が変わり、サポートしてくれた友人と別のクラスになることも普通に起こりえます。

実際に、こんな事例がありました。

その子は小学4年生までは、サポーティブな環境の下で学校生活が送れていたので、しゃべらなくても困らない状態でした。しかし5年生で担任が替わり、仲良しのお友達ともクラスが別になってしまったのです。この子は環境の変化になじめず、不登校になってしまいました。

親のNG行動6

学校に細かくサポートを依頼する

学校に、過度な期待をするのもよくありません。

わが子に配慮してほしいという気持ちはわかりますが、サポートしてもらうのが当然という態度でいると、先生との関係性が悪くなるかもしれません。

子どものサポートをお願いしたいのなら、お互いに情報交換を密にして、地域や学校でできるようになったことや今困っているトピックを共有しましょう。

その中で、「子どもが話せるようになるための最善策は何か」を話し合うことが何より大切なのです。

例えば、出席を取る時「はい」と声が出ないなら、録音した「はい」の返事を先生に聞いてもらう。

あるいはノートや電子メモパッド（書いた文字がボタン操作で消える）などに「はい」と書いて先生に見せる。

それは恥ずかしいと子どもが嫌がるなら、どうすれば返事ができるか、どのような表現ならできそうかを、子どもと話し合い、やってみるのです。

親のNG行動7

子どもが人前で話せない時に「この子は恥ずかしがりやで……」とかばってしまう

いつも親にかばわれる子どもは、どんな気持ちなのでしょうか？

もしかしたら、自尊心が傷ついているかもしれません。

私が支援している小学2年生のG君は、

「ママにそう言われると、ますます話せなくなる」

と言ったそうです。また、4歳のHちゃんは、幼稚園のお友達から、

「Hちゃんは恥ずかしがりやさんだから、話せないんだよね」

と言われて、悲しくなったそうです。

人前で言葉が出ない場面かんもく児を助けるつもりで発した言葉が、「恥ずかしがりや」

というレッテルを貼ることになり、子どもの自尊心を傷つけてしまうという事例です。

子ども自身が自分を「恥ずかしがりや」だと思っていない場合は、「私はそうじゃない」

と言いたいけれど、言えなくて辛いですよね。

あるいは「恥ずかしがりや」なんだけれど、それを知られたくない、「わざわざ言わな

いで」と思っているかもしれませんよね。

一般の方は、場面かんもくについてご存じないことがほとんどです。こんな時こそ情報提供が必要ですが、子どもが目の前にいる状況では伝え方に工夫が要りますね。

どんな伝え方がいいのか、正解は1つではないと思います。

一例として、子どもが目の前にいる時は、「恥ずかしがりやで……」とお茶を濁すのではなく、

「家ではよくおしゃべりするんですが、外に出ると緊張して話すのが難しくなるんです」と、**ありのままの事実を伝えるのが自然ではないかと思います。**

相手の方は、「そうなんですね～（なぜかしら？）」と疑問に思うかもしれませんので、機会があれば子どものいないところで、もう少し説明してもいいと思います。

その相手が同級生のママだったら、タイミングを見ながら自己開示して、理解と協力を求めましょう。

「実はうちの子は『場面かんもく症』なんです」

と**ストレートに伝えることで、うまくいった事例があります。**

小学校の授業参観の後に行われた、保護者の懇談会の時でした。

小学5年生のI君のママは、それぞれの保護者が自己紹介する際に、

「実はうちの子は家ではよくしゃべるんですが、家以外では緊張しやすくて話すことが難しい『場面かんもく症』なんです」

とありのままを自己開示しました。

「でも話しかけてくださると嬉しいし子ども自身もお友達と仲良くなりたい気持ちがあります。今少しずつお話ができるようにトレーニングをしているところです」

と伝えたところ、保護者さんたちが理解を示してくださり、

「I君は、○○の時に私が声を掛けたら、答えてくれましたよ」

と、親も知らなかった出来事を教えてくれて、嬉しい気持ちになりました。話してよかったと言われました。

親のNG行動8

単に内弁慶なだけと、軽く考える

子どもの真の姿を見ようとしないで、「性格だから」と思い込んでいませんか？

このような思い込みが生じるのは、家ではよくしゃべるからです。

子どもが幼稚園児くらいの場合は、家ではこんなによくしゃべるし、元気で活発なのだから、単に内弁慶なだけと考えてしまいがちです。

すると治療動機が低くなり、支援につながらないまま年月が過ぎていつの間にか小学校高学年になってしまい、このままではいけないと急に焦り始めるケースがあります。


まず、場面かんもくの正しい理解が必要です。

「家以外で話せないこと」が始まってから、1か月以上続いていませんか？　もしそうなら【場面かんもく症】の可能性を考えるべきです。改善のためには早期発見・早期介入が大切です。子どもの年齢が若いほど、早く改善しやすい傾向があります。

私の支援しているかんもくの子は、4歳の幼稚園児から24歳の大人までいます。それぞれの特性により個人差はありますが、4歳の子は数か月で話せるようになりました。24歳の方も話せるようになりましたが、支援開始から話せるようになるまでの期間は2年ほどかかりました。

場面かんもく歴が長いと、その状態で社会に適応しているためしゃべらなくてもいい状態が固定化しています。

習慣化された「話さなくても生活できる」状態から、新たな「話す」という行動を獲得するには、その行動（話すこと）が楽しい、嬉しいという状態になることが必要です。

【行動（話すこと）】→【○○さんと話せて楽しい・嬉しい（メリット）】があると【行動（話すこと）】が増えます。

変化のための最初の1歩を踏み出す時、周囲のサポートが必要です。

最適なサポーターは、一番身近で安心できる存在、日常生活の中でサポートができる「親」なのです。

親のNG行動9

学校には行っているから大丈夫と考える

学校では勉強は教えてくれますが、コミュニケーションは教えてくれません。

通常は、発達段階に応じ、他者とのやり取りを通して、自然にコミュニケーションのスキルが身につくと考えられています。しかし、場面かんもく児は言葉を発しないために、双方向のコミュニケーションが自然に身につくとは考えにくく、周囲の人がその子の言いたいことを「多分こうだろう」と予測して解決してくれます。

言葉を発しなくても、高校生までは何かと守られた環境にいられます。

学校には登校するし、大人しくて問題行動は起こさないので、担任の先生から親に「学校では特に問題はない」と言われた、というのはよく聞く話です。

しかし、子どもの方は、困っていることを言えなくて辛い思いをしているかもしれません。

学校で「問題がない」と考えられてしまうポイントは3つあります。

① 問題なく登校している（遅刻・欠席がない）

② 問題なく授業に参加している（むしろ成績がいい）

③ 他者を傷つけたり暴力的な行為がない（温和である）

こうなると、単にしゃべらないだけで、学校生活には困っていないように思われがちです。

しかし、実際は話すことを求められる場面で、話すことを免除されてきたのかもしれません。

加えて「困っていても声に出せない」ために周囲には気がつかれない。この状態が続くと、言うことをあきらめてしまうかもしれません。

このように「話さなくてもいい支援」をしてしまうと、かんもく状態が維持されることを助けてしまいます。

親のNG行動10

学校では友達や先生がサポートしてくれるから困らないと考える

幼稚園から小学校低学年ごろまでは、お世話好きの友達が何かと構ってくれることが多いようです。

誰かのお世話をすること自体が楽しくて、少し優越感が満たされるからです。

しかし、成長とともに友達の関係性は変わってきます。

友達関係は対等なので、いつまでもお世話するばかりで反応がない場面かんもく児のことが負担になってきます。他の友達とも遊びたいと思うでしょう。

小学校中学年ごろになると、気の合う者同士の小グループができます。仲良しの子がそちらに行ってしまうと、かんもく児は声を出すことがなく、自ら接近することが苦手なので、次第に孤立し友達が少なくなってしまいます。環境の変化に対応できないため、体調を崩す子もいます。

Chapter 3

今すぐ
親にできるサポート
【場面かんもく改善メソッド】

ここまで読まれて、思い当たることはありましたか？

「Chapter 2」で挙げた「親のＮＧ行動」は、実際に私が出会った事例です。

専門機関などをあちらこちらと回ってみて、「そのうち治ります」と言われたら、そういうものかな……と思ってしまいますよね。

権威のある方やご年配の方、親族などに悩みを打ち明けても、子どもについての詳細を知らないままに、それぞれの経験則などからの助言を貰うと、ますます混乱してしまいます。その延長線上でＮＧ行動に走ってしまうのも、無理はないのです。

最善の解決策は、「**子どもが自分で意思表示ができるように**、早期に支援を始めること」です。

場面かんもくの子は、学校で話すことが難しいために、学校生活に色々と支障が起こります。

例えば、具合が悪くなっても先生に申し出ることができない、トイレに行きたくなっても「言えない」のでずっと我慢している、友達に嫌なことをされても「やめて」と言えない……。助けを求めることが、できないのです。

友達と対等な関係で仲良くなるためにも、「NO」が言えるようになることが大切です。場面かんもくの改善には、行動療法のアプローチが有効であると言われていますので、その視点で、親が最良の「わが子サポーター」になれる技法について解説します。

親が最良の支援者になるための重要な3つのステップ

ステップ❶

子どもへの正しい関わり方を知る

親子の関わり方を「行動」の視点から観察して、シートに記録していきます。良い関わりは継続して取り組んでいただき、工夫すべきところがあれば、どうすれば親に依存する方法ではなく、子どもが自ら行動できるかを考えます。

＊ホームワークシート①【状況―行動―対応―反応】

シートをまずは2週間、わが家の現状を、「家／地域／幼稚園や学校」各状況ごとに記録します。

ホームワークシート①

「子どもの【状況】―【行動】―【対応】―【反応】」シート
☆良いところにも目を向けて、1週間に1回は記入してみましょう。
名前 ＿＿＿＿＿＿＿＿＿＿

日付	状況（家・地域・学校）	子どもの行動	あなたの対応	子どもの反応
	家）			
	地域）			
	学校）			

場面かんもく児の親御さんには、大きく分けて2つのタイプがあると思います。

一つめは、自立サポート型保護者

その特徴は、

・子どもの良いところを認めてほめることができる
・子どもが今、自分でできることはないか一緒に考える
・子どもの成長・変化の可能性を信じている
・叱ることより、ほめることの方が多い
・良い行動をほめることが多いので、子どもの良い行動が増える
・子どものチャレンジ行動を促すことができる
・子どもの自己肯定感が高まる
・子どもが前向きになり、チャレンジ行動に積極的になる
・親の不安が解消される
・親子関係の良い循環が作れる

もう一つは、共依存型保護者

その特徴は、

・話すことが求められる場面になると、子どもはいつも親の顔を見て助けを求める
・親自身も、子どもの気持ちを確認せずに予防線をはる先回り行動が多くなる
・親自身が不安を抱えていて、助けることで安心感を得る
・子どもの発達や意思表示をするチャンスを奪う
・子どもの自立を阻んでかんもくの維持に貢献してしまう
・お互いに自立できず、どこに行くにも一緒。結果的に過保護・過干渉になる

言うまでもなく、目指すのは自立サポート型保護者です。

一方で、93ページのホームワークシート①に記入するとわかる、よくある関わり方の癖があります。

【癖1】指示多数型

場面かんもくの子は家でも何かと迷ったり決められなかったりすることがあります。そんな時、親があれこれ指示ばかりしていると、指示待ちの子になります。自分では決められないから意思表示をしないことが習慣になり、親に依存するようになります。

【こんな時の対応は】

まずはしばらく待ってあげましょう。それでも答えがないなら2～3の選択肢を与えて本人に選んでもらいます。自分で決めたというのも一つの成功体験になります。本人の問題は本人が結論を出せるようにサポートしましょう。

【癖2】バトル型

思い通りにならないと、子どもが癇癪を起すことがあります。

そんな時、子どもとバトルを繰り広げてしまうと、火に油を注ぐようなもので解決には至らず、お互い嫌な気持ちになってバッドエンドです。子どもの癇癪に巻き込まれないで、冷静に対応したいですね。

【こんな時の対応は】

アンガーマネジメントの手法によると、カチンと来ても「6秒待つ」と言われます。怒りの感情も永遠には続きません。沸騰しているお湯も時間が経つと冷めますよね。子どもの癇癪も、少しの間安全に気をつけながら放っておくことです。すると自然に収まります。

待っている間に、親側の気持ちをクールダウンしましょう。具体的には、

・その場を離れる　子どもと少し距離を置いてみましょう
・深呼吸3回　深くゆっくり呼吸をしてみましょう
・お茶を飲む

そうすることで、親自身の感情が自然に落ち着いてきます。

その間に子どもが癇癪を鎮められたら、「ほめましょう」。

「落ち着いたね」、「気持ちを切り替えられたね」と声をかけることができたら、ほめて終わりのハッピーエンドです。

【癖3】子どもの言いなり型

共依存型保護者のあるあるパターンです。

この子はできないから私が何とかしなければ、できなかったらどうしようと、「できない」前提で考えていませんか？　これでは永遠に子どもに振り回されて自分のしたいこと、するべきことも後回しになってしまいます。

【こんな時の対応は】

できないという考えを「どうすればできるか」に変換しましょう。できない前提の尻拭い思考から問題解決思考への変換です。

「遅刻するから送って」と言われたら、「どうすれば遅刻しないで朝起きられるか」「どうすれば夜早く就寝できるか」を子どもに考えてもらいましょう。これは子どもの問題だからです。

それと共に、子どもの問題は子どもに責任を取らせる決心をすることです。

ある方は、小学4年生の息子さんの言いなりママでした。何かあるとすぐ車で送っていく癖があったのですが、尻拭い思考から問題解決思考へ変換して、ある日さらりと「ママは仕事があるから送っていけないよ」と宣言したのです。すると、渋々ながらも自力で行くしかありません。息子さんは、次の日からちゃんと自分で登校することができるようになりました。子どもにとっても自力登校ができたという成功体験であり、ママの決心次第で「自立サポート型保護者」に変わることができた事例です。

さて、身についた癖を修正し、しっかりと「自立サポート型保護者」に変わるための手順は次の通りです。

①子どもの行動を3種類に分ける（好ましい行動・好ましくない行動・危険な行動）
話せないことだけに注目せず、良いところや頑張っているところを認める。

②子どものかんもく状態の現状把握（人・場所・活動別に確認）
どこで話せないのか／どんな場所なら話せるのか
誰と話せて／誰と話せないのか／活動はどうか

112ページの「ホームワークシート②」を記入して、1、2を確認します。
これを実践することで、あなたのお子さんに合った正しいサポートの仕方がわかってきます。

ステップ2

場面かんもくについて正しい知識を学ぶ

ここで、あらためて場面かんもくの定義について振り返りましょう（米国精神医学会の精神疾患の診断・統計マニュアル（DSM-5：2013）より）。

5つの定義

1　家などでは話すことができるが、ある特定の状況（例えば学校のように、話すことが求められる場所）では、一貫して話すことができない。

2　このことで、子どもは、学業上・職業上の成績、または社会的な交流の機会を持つことを、著しく阻害されている。

3　この状態が少なくとも一ヶ月以上続く（学校での最初の一ヶ月間には限定されな

い）。

4　話すことができないのは、その状況において、必要な話し言葉を知らない、または、うまく話せないという理由からではない。

5　コミュニケーション障害、自閉症スペクトラム障害、統合失調症、またはその他の精神病性障害の経過中のみに起こるものではない。

一方、近年では、発達障害（グレーゾーンも含む）やコミュニケーション障害を併存するケースが多く、中には感覚統合障害が見られる子どもがいる等の報告があります。つまり、場面かんもくの症状には様々なタイプがあるということです。

なぜ、話せないのでしょうか？

脳の中に、「扁桃体」という危険に反応する部位があります。

扁桃体の働きは、危険を察知して身を守ることです。古代から人類が生き延びるための「逃げるか闘うか」の戦略であり、反射的な体の反応なのです。考えるより先に体が反応するようになっているわけです。

扁桃体が反応する（危険を察知する）ことは、生きていくうえで大切な仕組みです。

普通の人より扁桃体が敏感で、安全な所でも反応しているとしたら、身体が常に緊張状態になります。その為、一般的には怖くないことまで怖くなり、不安に感じてしまうでしょう。

これが、場面かんもく児の中で起こっているのではないかと言われています。

〈子どもが家の外で話をしないこと〉について病院などに相談に行った時によく言われるのが、「そのうち治るだろうから様子を見ましょう」という言葉ですが、場面かんもくの治療には早期介入が重要であると言われています（Aimee・Kotrba,2019）。

海外の書籍には治療マニュアル等が示されたものが多数ありますが、これはあくまでも海外の場面かんもく児用に作られたものですから、そのまま日本の子どもには使えないという指摘があります。

しかもその多くは学校やクリニックで実施するマニュアルとなっていますので、現状では実行は難しいと考えられます。

それならば、学校やクリニックではなく家庭でできる、日本の子どもたちの現状に合うやり方に修正すればいいと考え、私は、これらの欧米の書籍を参考にしながら、日本の家庭にマッチしたサポートメソッドを構築しました。

その特徴は、次の通りです。

・親が最良の「わが子サポーター」になれる支援をすること
・場面かんもくの子が「話せるだけでなく自分で考え行動できる人になる」こと
・家族全員が将来への不安から解放され笑顔になること

これまでの11年間で延べ4000名の親子をサポートさせていただいて、9割以上に良い変化がありました。実際に話せるようになって、自分で考え行動した結果、自己実現を果たした子もいます。

私が支援したお母さんの一人、Mさんの娘で当時中学1年だった場面かんもく児Sちゃんは、3年半の支援の後、話せるようになって希望の高校へ進学したのを機に、支援を終了しました。

その後は約2年ほど私の手を離れていたのですが、彼女が高校3年生の秋に文化祭にお邪魔する機会がありました。そこで久しぶりにお母さんにお会いして、Sちゃんのその後の高校生活について聞きました。高2の時には部活の部長を務めて部員をまとめたことや、すでに第一希望への就職が決まり、「夢」に向かって歩き始めていることなどを伺いました。

今のSちゃんからは、彼女がかつて場面かんもくだったとは想像もできないでしょう。スムーズに歩くことも難しいほど緊張が強く、支援を始めた当初はうなずくことも筆談も難しい状態でした（詳しくは拙著『話したいのに話せない！　場面緘黙《かんもく》の少女が話せるようになった理由《わけ》』電子書籍Amazon kindle版をご覧ください）。話せるだけでなく、自ら自己実現に向かって行動していたのです。

また、4歳の幼稚園児Sくんは、4か月の支援で園でもお話ができるようになりました。

最年長の25歳のTさんは、22歳の時に支援を始め、1年半後に、それまで家以外で一切話せなかったにもかかわらず、話せるようになってきました。

現在も支援を継続していて、少しずつ話せる場所、話せる相手が増えています。動作も滑らかになり表情も出てきました。


これまでも、親御さんはわが子のことを思い、何とかしてあげたいと願って行動していました。でもうまくいかなかったのです。

その理由は、「場面かんもくの正しい知識を得る機会がなく、わが子に合った適切な改善方法を知る機会がなかった」からです。

場面かんもくについて正しい知識を学び、正しい手順でサポートをすれば、きっと良い方向に進みます。

ステップ3 発話チャレンジの正しい手順を理解する

場面かんもくの改善のためには、次の図のような順番があると言われています（河井・河井 1994）。

何らかの緊張が加わって適応できなくなると、まず第3水準の「うまく言葉が出ない」状態になります。さらに緊張が高まると言葉だけでなく、表情やうなずきなどの非言語表出ができなくなります（第2水準が崩れる）。最も緊張が高くなると言葉も出ないしうなずくこともできず、固まって動けなくなる（第1水準までも崩れる）状態になります。場面かんもくの園児が、発表会のステージ上などで動けなくなることがあります。これが第1水準まで崩れた緘動《かんどう》状態です。

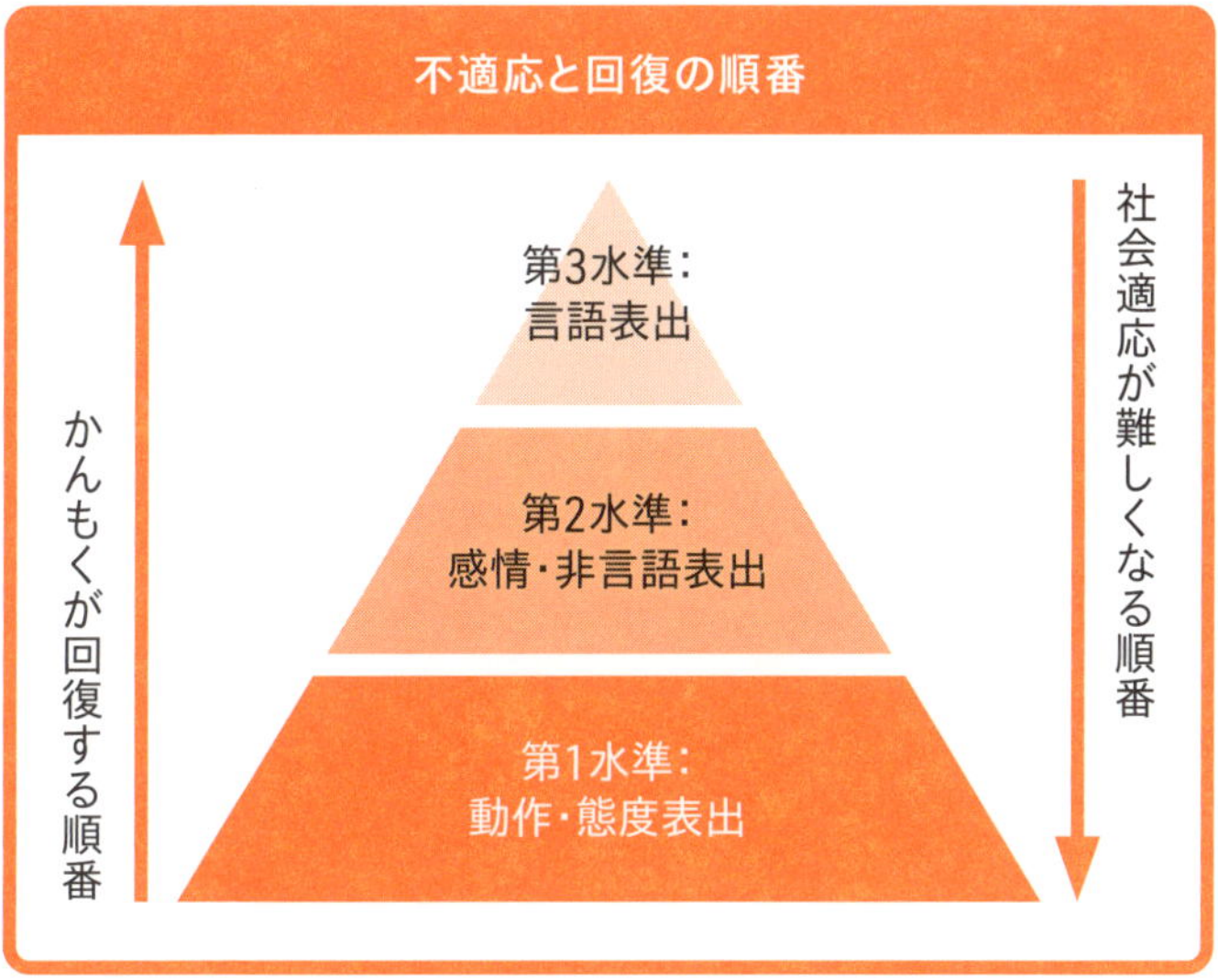

社会的場面におけるコミュニケーションが成り立つための階層構造
（河井・河井『場面緘黙児の心理と指導』p.26の図を参考に著者作成）

適応行動が崩れる時は上から下にできなくなり、回復する時は、逆に下から（第1の水準から）上に回復していくのです。

わが子の行動観察をしながら、人により場所により、どの水準までできて、どの水準からできないかを確認しておくことが大切です。

わが子が「場面」や「人」「活動」によりできる水準とできない水準がどこなのかを確認しないまま、一番回復が難しい「発話」だけを求めてもできないのは当然です。

正しいサポートの手順は、次の通りです。

実践手順① **子どもの良い行動を増やす**

子どもの行動の3つのタイプの全体像を把握する（ホームワークシート②を使って確認）

1　好ましい行動（増やしたい行動）

2　好ましくない行動（減らしたい行動）

3　許しがたい行動（なくしたい行動）

誰かを傷つけたり、危険・破壊的な行動、社会的なルール違反。

＊3について、場面かんもく児にはほとんど見られないので、分類だけにとどめます

1　好ましい行動とは

好ましい行動→普段できていること。毎日ではなくてもOKです。

日常的なことで、当たり前にできていることです。

・挨拶ができる
・学校に行っている
・夕食の配膳を手伝う

などについて、「効果的な方法」でほめます。

行動の後にメリットがあると、その行動は次も起こりやすく、デメリットがあると、その行動は次から起こりにくくなるからです。

日常的に、いつもできていることでも、「この年齢なら当たり前」と、スルーしないでくださいね。

【ほめることが伝わる効果的な方法】

◆子どもに近づく…………遠くから言っても届きません。
◆視線を合わせ…………目を見てほめる方が伝わります。
◆具体的に…………………何がよかったのか「具体的に」褒めましょう。
◆感情を伝える……………「お母さん嬉しかった」「助かった」
◆辛口コメントはNG…「できるのなら、もっと早くして」、「できてよかった」の後にこれでは、結局叱られたことになります。

【「ほめる」具体的な方法】

・興味・関心を示す
・励ます
・笑いかける
・感謝する
・ハグする、肩に触れる
・次の活動に誘う　宿題が終わったらおやつだよ（一緒に○○で遊ぼうね）
・頑張っている行動に気づいていることを知らせる

2　好ましくない行動とは

・宿題をする時間なのにＹｏｕＴｕｂｅを見ている
・寝る時間になってもまだゲームをしている
・お風呂の時間なのにマンガをみている
・起きる時間なってもいつまでも寝ている

※場面かんもく児の場合、しゃべれないことも好ましくない行動に入ります。

実践手順② 好ましくない行動の一つ「かんもく状態」の全体像を知る（ホームワークシート②を使って確認）

① わが子の全体像を把握するために、ホームワークシート②－1で行動を3つに分けて記録する

・次に、ホームワークシート②－2でかんもく状態を把握して記録【場所・人・活動】確認シートでチェック

・不安のレベルシート（128ページ）で不安のレベルを確認

② ②－2のシートと不安のレベルシートを使って、本人ができそうと思えるところから、スモールステップの行動目標を子どもと話し合う

③ ②で決めた【行動目標を】いつ・どこで（それぞれ最初は家庭→地域→学校と拡大していきます）何回するかを、子どもと一緒に具体的に決める

ホームワークシート②

②-1子どもの行動を3種類に分ける
②-2好ましくない行動（かんもく状態）を3種類に分ける

名前 ＿＿＿＿＿＿＿＿

「行動」とは、子どもが実際にしていることです。
別紙：＊行動リストを参考に書いてみましょう

1　子どもの行動を3種類に分ける

日付	好ましい行動	好ましくない行動	危険なこと・許しがたい行動

2　かんもく状態(好ましくない行動のひとつ)を3種類に分ける

	人（具体的に）	場所	活動(参加の可否のみ)
話せる	・家族　・親戚 （　　　　　　） ・幼馴染　・近所の人 ・担任　・養護教諭 ・校長　・教頭 ・一部のクラスメイトと話せる （　　人の子）	・家　・駐車場 ・コンビニ ・よく行く慣れた場所 （　　　　　　） ・放課後デイケア ・その他 （　　　　　　）	・部活参加（可） ・登校（可）別室（可） ・行事に参加（可） （　　　　　　） ・習い事など（可） （　　　　　　）
話せない	・クラスメイト（ほとんど全員） ・先生（担任・養護教諭・ほか） ・病院の先生 ・その他話せない人 （　　　　　　）	・病院 ・図書館 ・コンビニ ・スーパー ・ファストフード店 ・その他 （　　　　　　）	・部活参加（不可） ・登校（不可） ・行事に参加（不可） （　　　　　　） ・習い事など（不可） （　　　　　　）

親の願望優先で目標を立てると、本人のできそうな目標とずれが生じることがあります。ハードルが高くなると、失敗しやすくなります。そもそも、押し付けられた目標はやる気が起きません。無理をして失敗体験になれば、もともと失敗を恐れる傾向があるので、再チャレンジのやる気をそぎます。失敗させない前提で本人が「これならできそう」と納得して決めた目標を、無理のない範囲でゆるく設定しておくと、頑張れるものです。

以上の基本3ステップを理解したら、より具体的なアプローチについて説明していきます。

場面かんもくの保護者に特化したかんもくペアレント・トレーニング

かんもくペアレント・トレーニングとは

従来のペアレント・トレーニングの手法をベースに、場面かんもくの改善に有効であるとされる、ストレスマネジメントとしての「リラクゼーション法」を、「刺激フェーディング法」、「段階的暴露療法」などを組み合わせてプログラム化した独自のメソッドです。

ここで目指すことは、保護者が、わが子のかんもく状態を正しく理解したうえで、適切なスモールステップチャレンジを行い、子どもの成功体験を積むことです。

場面かんもく児は様々なタイプがいますので個人差が大きいのですが、年齢が幼稚園児くらいであれば、この実践だけで話せるようになった事例が複数あります。

【好ましくない行動を好ましい行動に変えていく】には

子どもの行動、特に、好ましくない行動を好ましい行動に変えていくには、土台が必要です。

・自分は認められている
・信頼されている
・愛されている

これらは、自分を大切な存在だと思える自己肯定感に関わってきます。だから普段から認める、ほめる声かけが必要なのです。

親御さんが普段できないところばかりに注目していると叱ることが増え、自己肯定感は下がるばかりです。

私が支援した中学2年生のお子さんのママが、

「どうして話せないのか理解できなくて、責めたり叱ったりばかりしていました。場面かんもくのことを勉強してみると、これまでの私の対応が間違っていたとわかり、反省しました。わが子が頑張っているところをもっとほめようと思うようになると、今まで見逃していた子どものいいところにたくさん気づいて、私の気持ちが落ち着き、子どもの行動も前向きに変わってきました」

と、おっしゃっていました。

好ましい行動を増やすことが、場面かんもくの改善においても大事なポイントです。

親が変われば子が変わります。まずは、普段の声掛けから見直してみましょう。

お子さんをよく観察してみれば、「朝の挨拶ができる」「自分の食器を自分で下げられる」「妹と遊んでくれる」「自分で宿題に取り組む」「言われなくても帰宅後手洗いうがいをする」など、当たり前と思ってほめていなかった「良い行動」が見つかるはずです。

小さい子なら、元気にハイタッチ、ハグするなどのスキンシップがわかりやすいでしょうし、思春期以降であれば、静かにさりげなく、「頑張ったね」「すごいね」といった言葉を優しい笑顔で伝えるのもいいでしょう。

ほめると言っても、子どもの年齢や個性によって「ほめられ方」に好みがあります。幼くても、大げさにほめられるのを嫌う子もいます。わが子にどんなほめ方が適しているのか、いろいろ試してみてください。

緊張をコントロールする

場面かんもく児は、そうでない人よりも緊張を感じやすいと言われています。

・家から一歩外に出ると顔がこわばる
・急に話さなくなる
・小声になる
・家では表情豊かなのに、学校では無表情になって別人のよう

程度の差はありますが、このようになってしまう子が多いのです。家以外では非常に緊張していると考えられます。

緊張とリラックスの体内の反応

〈緊張〉
・心臓がドキドキ
・末梢血管の収縮
・呼吸が速くなる
・胃腸の働きが低下
・汗をかく
・身体が緊張・筋肉が硬くなる

〈リラックス・安心〉
・心臓はゆっくり
・頭部の血管拡張
・呼吸はゆっくり
・胃腸の働きが良い
・汗はかかない
・筋肉は弛緩

かんもく児は普段から外では緊張していると考えられますので、緊張から、リラックス・安心した状態へ自分をコントロールする必要があります。

あなたはどんな時に「癒される」と感じますか？

海岸を散歩している時、温泉につかっている時、あるいはお部屋でゆっくりコーヒーを飲んでいる時など様々だと思いますが、

・心身がゆったりと癒される感覚
・疲れが取れるな~という感覚
・自然にエネルギーが蓄えられる感覚
こうした状態を体で覚え、日常生活に取り入れると、次のような効果があるとされています。

・心身の健康回復、増進
・集中力・持続力を高める
・本来の実力を発揮できる
・自己抑制力がつく
・あがり防止

リラクゼーションをストレスマネジメントとしてとらえ、「緊張をコントロールすることで心身の健康回復を図る自己コントロール法」を学び実践しましょう。

リラクゼーションの効果（体験した人の感想）

・寝つきや目覚めが良くなった
・腹が立つことが減り、落ち着いた
・ゆとりができた
・授業に集中できるようになった
・試験の時、あまり緊張しなくなった
・成績が上がった

◆リラクゼーションの実践　5－10呼吸法（5分間）

＊姿勢を整える＊

・椅子に座ります。
・お尻の位置は、深からず浅からず後ろにもたれてちょうどいい感じのところ。
・膝の角度は、90度より少し大きく、前に軽く投げ出す感じで。
・手はももの上。手のひらは上下どちらでも（軽くお腹に当てても）ＯＫ。

＊実践＊

・いったん背筋を伸ばして、ゆっくりと背中の緊張をゆるめます。
・静かに目を閉じましょう。
・鼻から1、2、3……5↓5秒間息を吸います。0で1秒止めます。
・口から1、2、3……10↓10秒かけてゆっくりと吐きます。
・ストローから息を吐くように、細く長く……最後の10カウント目で吐き切ります。
・自分のペースでゆっくりと5分間行います。

＊最後に消去動作＊（眠くなるのでしっかり目を覚ます）
・グーパー5回
・ひじの屈伸　曲げて、伸ばして5回

いかがでしょうか。呼吸は、自律神経の働きにより、
吸う時↓緊張　活動的、交感神経優位
吐く時↓弛緩　リラックス、副交感神経優位

となります。

つまり、意識的に吐く息を長くすることで、体をリラックスモードに誘導することができるのです。

幼児の場合は、このまま実施するのが難しいかもしれませんので、カウントを4－8または3－6にアレンジしてください。

呼吸法は、慣れれば出先でもできますので、緊張しそうな授業の前や誰かと会う前などにすると効果的です。

子どもの不安のレベルを知る

不安を数値化して、子どもの不安を「見える化」します。

誰といると不安レベルが低く、誰といると高くなるのか、「人、場所、活動」ごとに子どもに聞きながらチェックシートに記入します。


場面かんもくの子どもたちは、「話すことを回避」することで「安心感を得る」というメリットがあるので、かんもく状態を維持しているのです。


これを、話すことのメリットを経験できるようにサポートしていきます。

かんもく状態は「好ましくない行動」に分類されますので、「好ましい行動」を増やすためには、「行動したくなるメカニズム」を知ることが大切です。

行動（チャレンジ）→メリット→また行動（チャレンジ）

単純なようですが、あらゆる生活シーンで、この行動原理が働いています。

・当たりや、おまけがついているお菓子を買う（行動）→当たりが出た（メリット）→また買いたくなる（再び行動）
・お手伝いをした（行動）→ほめられて嬉しい（メリット）→またお手伝いをする（再び行動）
・レストランで指差し注文をした（行動）→やればできた＋ほめられて嬉しい（メリット＋メリット）→別の日も指差し注文した（再び行動）

こうして実際に良い行動が増えていくと、これはやがて発話チャレンジへとつながっていきます。

【良い行動を増やすためのポイント】

今までずっと代替してもらっていたので「やらなければならない」という動機づけが弱い→ここをサポート

「指示通りできた！」「ほめられて嬉しい！」という体験が少ない→この体験を増やすサポート

不安・恐怖が強い場面かんもく児の場合、少しの勇気で「やればできそう」と思える目標を設定してサポートします。

これは発話だけでなく、うなずきや指差しなどの非言語の行動も含みます。良い行動の後に嬉しさや達成感を感じることで、次の良い行動を起こしやすくするものです。やがて体験がメリットとなるように、生活の質を改善させることが目的です。

チェックしよう！

不安のレベルシートの作り方

1　不安の度合いを1～5まで設定

レベル1：とても安心

レベル2：安心

レベル3：少し不安だけどできる

レベル4：かなり不安

レベル5：最大の不安

2 【家】【地域】【学校】ごとに場面を設定し1～5までの数字を当てはめていきます。

このシートをコピーして、空欄には実際のわが家に即した場面を設定して、子どもに聞きながらレベルをつけていきます。

不安のレベルシート

不安のレベル

とても安心：1　安心：2　少しだけ不安だけどできる：3
かなり不安：4　最大の不安：5

名前：＿＿＿＿＿＿

【家で】 行動・話すこと	1～5	【地域で】 行動・話すこと	1～5	【学校で】 行動・話すこと	1～5
友達と遊ぶ		ファミレスで 指さして注文する		1人で教室に入る	
先生と電話で話す		公園で友達と遊ぶ		連絡帳を 先生の机に置く	
親戚のおじさん、 おばさんと話す		病院の先生に うなずきで答える		日直の仕事をする	
宅配便の人に インターフォンで 「はい」と言う		ピアノの先生の 質問に言葉で 答える		仲良しの友達と 2人だけの時話す	

家庭から子どもの発話の機会を増やす

家庭は、発話の機会を増やす絶好の場です。なぜなら、家庭は不安なく一番安心して話せる場所だからです。

112、128ページで紹介したホームワークの資料を基に子どもと話し合って「目標」を決めます。

安心できる場所で、「不安レベル3」の人に協力を依頼して、話す練習をします。例えば、祖父母やいとこなど不安だけど会話できるレベルの人を選んで、ほとんど成功する程度の目標を立てます。**ここでは、成功体験を積むことが大切です。**

目標を決める際のルール

・高すぎる設定にしない

・今できている行動でよりスムーズにしたいもの、より増やしたい行動を設定

・行動できたらポイント付与。シートにシールを貼る
・意欲を高めるために、「ごほうび」を用いる
ただし、高価なごほうびはＮＧ。子どもが喜ぶお菓子や、好きな活動、一時的な特権など、親の負担がないものにします。

チャレンジシートを作る↓巻末に見本がありますので、コピーしてお使いください

① 不安レベル表のレベル２と３を確認します。

子どもによって、それぞれのレベルに入る行動は違います。なるべく多くの場面を挙げてみましょう。

(例)レベル２：普通にできる行動↓家で家族と話す
レベル３：少し怖い、少し緊張する行動↓遠方にいる祖父母が自宅に来た時に会話する

② その行動を基に、「チャレンジシート」のことを伝えます。

＊前述の扁桃体のことを参考にして、少しアレンジして伝えてみましょう。

（例）


「お家では全然平気なのに、外に出るとドキドキしたり、学校では声が出にくくなるよね」

「体の安全装置が敏感でスイッチが入るのかもしれないね」

「でも大丈夫。そうならないようにすることはできるよ」

「それはね、少しずつ練習すること」

「自転車の練習と似ていて、最初は怖くて全然できなかったけど、毎日練習していたら平気になって少しずつこげるようになって、そのうち楽しく乗れるようになったでしょう。おしゃべりするのも同じで、少しずつ練習すると、怖くなくなって平気になるよ」と話してみてください。

「そのために『チャレンジシート』をやってみようね。できたらポイントを貯めて、頑張った分ごほうびがあるよ！」

「どれくらいポイントが増えればごほうびがあるか、どんなごほうびにするかは、一緒に決めようね」

「まずは、家のなかでできることからチャレンジしようね」

と伝えて、達成度合いについて話し合ってください。ごほうびがもらえるのは週末にしましょう。

表を確認しながら、生活リズムを整えること（早寝早起き）や、家庭の中で役割を持たせることが自信につながります。家事の手伝いや勉強の目標など、その子にできることを話し合いながら目標を決めます。

③ 行動ができたら記録し、効果的なほめ方でほめます。

シートに色を塗る・シールを貼るなど、視覚化することで、不安レベルの変化を本人が自覚することができます。一日の終わりに、その日できたことを一緒に振り返って、ほめてあげると良いでしょう。

話すことだけを目標にするとプレッシャーになりますので、普段できていることもポイントをもらえる行動として挙げておきます。

（例）・朝自分で起きる、または約束の時間に就寝する

・隣の家に回覧板を持っていく（インターフォンで話す）

・ペットを介して友達と話す

・家で音読した録音テープを学校に持参

・祖母、祖父と電話で話す

家庭外での発話の機会を増やす

家庭でのスモールステップチャレンジが成功したら、外に目を向けてみましょう。ポイントは、学校以外の慣れた場所で行うことです。

まず、チャレンジシート【地域編】を作りましょう。

① 不安レベル表のレベル2＝安心して普通にできる行動をいくつか確認します。

② 確認したレベル2の行動の中から、子どもと相談して「チャレンジする行動（ターゲット行動）」を決めます。

レベル2の行動を一人でした場合がレベル3であれば、そこをターゲット行動にします。**チャレンジですから、今できている行動＋α＝レベル3から**始めます。

（普通）を確認しながら、本人が〝できるようになりたい〟と思うターゲット行動、親が〝できるようになってほしい〟と思うターゲット行動を、話し合って決めます。

地域での活動は非言語行動でチャレンジ。地域では話せないことが多いからです。
(例)A　家族と一緒へお店へ買い物に行く：レベル2（普通）
　　B　一人でお店で会計をする（母は横にいる）：レベル3（少し不安）
この場合、Bがチャレンジ行動になります。

どうすればいいの？　目標の立て方

〈チャレンジシート【地域編】〉

① 前述と同じ要領で目標行動を話し合って決めましょう。
＊不安のレベルシートの【地域で】行動・話すことを参照しながら考えましょう。
② 頑張ればごほうびがあることを伝えます。
③ 何回チャレンジできたらごほうびをもらうかを決めましょう（1回か2回でOK）。
小さなチャレンジと成功体験の繰り返しが、次のステップへの土台となります。
不安になったり、回避したくなる行動を「あえて」やっている意識を持つと良いです。
そのため、「頑張ればごほうびあるよ！」と伝えてください。
もちろん、ほめること（注目・承認・称賛）が大事なごほうびになります。

地域の人に、「かんもく状態を改善するための練習中」であることを伝えて、協力を求めることも大切です。

学校での発話の機会を増やす

スモールステップチャレンジの最後は、いよいよ学校での練習です。学校に理解と協力を得て、放課後の誰もいない教室を1時間程度借りて、話す練習になるような遊びをします。

学校を卒業されている方は、引き続き【家庭編、地域編】に取り組みましょう。

ポイント

◎学校関係者に協力を求める

子どもにとって、学校は不安が最も強い場所です。保護者は、学校に理解と支援をお願いしましょう。

次のように進めるのが理想的です。

① 担任の先生や支援クラスの先生に、個人面談の希望を伝える。

子どもの特性や、状態、今取り組んでいることなどを簡潔にまとめる。

② 先生との面談で、学校に協力してほしい旨を以下のように説明する。

「現在、家や地域で話すことにチャレンジしています（できるようになったことがあれば伝える）。

次は、学校で話すチャレンジをさせていただきたいと思っていますので、放課後の教室を1時間程度、使わせていただけないでしょうか。教室で、まず、親と過ごして遊んだり宿題をしながら声を出すことで、教室で話すことに慣れていく。次に仲のいい友達や、慣れている先生をそこに加えて話す練習をすると、自然に話しやすいそうです」

このように伝えて、協力を求めると良いでしょう。

コロナ禍でも、このような依頼を学校側から断られたことは、ほとんどありませんでした。ただし保育園・幼稚園の場合は、預かり保育や他の活動のため教室を使用できない事情がありましたので、その場合は引き続き【地域編】に取り組んでいただきました。

〈実践方法〉

本人が〝できるようになりたい〟と思うターゲット行動、親も〝できるようになってほしい〟ターゲット行動を話し合って決めます。

・誰と、どこで、何をするか→人・場所・活動で設定
・本人ができそうだと思う目標行動を記入
・不安レベル3程度の行動を目標にする→実践して不安レベルが下がるように

【第一段階】

・場所：放課後、誰もいない教室（あまり緊張しないはず）
・人　：親と一緒に（一番安心できる人）
・活動：簡単な遊びなどをする（クイズ・音読・書き取りなどでもOK）
　無理のない、週1・2回くらいのペースで

【第二段階】

・場所：放課後、誰もいない教室（回数を重ねると不安レベルが下がります）
・人　：親と仲良しのお友達と（親＋もう一人安心な人）

・活動：一緒に好きな活動・遊びなどをする（黒板にお絵かきなど遊びも入れて）
無理のないペースで、「もう少しやりたかった、次が楽しみ」という風に続けていきます。

【第三段階】
・場所：教室に十分慣れたら、学校の別の場所で話すチャレンジ
・人　：仲良しの友達＋本人が慣れている先生
・活動：一緒にゲームや本人の好きな話題で話す

＊目標行動ができたら、成果が見えるようにシールを貼る
・目標達成で小さなごほうび
＊不安レベル3（少し怖い）がレベル2（普通）になるまで繰り返す
＊何度か繰り返しレベル2になれば、新たな目標行動を「今度はどこでチャレンジする？」と本人と相談して決める

チャレンジの成果を振り返る

ここまでのチャレンジで、どんな変化がありましたか？

ゆっくりでも確かに前進していることを信じて、根気強く続けることが大切です。

場面かんもくの改善には周囲の協力が必要ですから、一人で頑張らないで多くの人に協力してもらいましょう。

その他にも、その子の不安が強くて、学校に行こうとするとおなかが痛くなるとか、頭痛がするとか心理的な身体症状が疑われる時などは、医師の診察が必要かもしれません。

生活圏内のお店や公共施設など、日ごろから触れ合う機会のある地域の方々やお友達の存在は大きな支えになりますし、なんといっても、場面かんもくが起こる主な現場である「幼稚園・学校」との連携は大切です。

子どもに関する情報を共有して、協力してもらいましょう。

場面かんもくの子を持つ親は孤独になりがちです。

わが子以外の場面かんもく児の親に会ったことがないと言われる方が多いので、

・誰にもわかってもらえない

・相談しても答えがない

・育て方が悪かったのではないかと自分を責めてしまう

といった状態に陥りやすく、ご夫婦で考え方が一致していればいいのですが、ご夫婦の考えに温度差があると、一方の親は孤軍奮闘で疲弊してしまいます。

同じ悩みを持つ親は全国にたくさんいます。みんなに助けてもらいましょう。

家族・親戚、友達、学校関係者、ドクター、心理師、地域の方々、お店の人など身近な人たちに「お話をする練習相手」になってもらい、スモールステップの練習を重ねていけば、話せるようになる可能性が高まります。

Chapter 4

年齢別10の事例解説で学べる！【場面かんもく改善ケース】

ここまで読んでいただいておわかりになったと思いますが、場面かんもくの症状は多彩で個人差が大きく、子どもの特性も様々です。

事例については、改善の参考としてお考えください。

私がこれまで支援してきたお子さんとご家族の体験談を、年齢別に紹介します。

幼児～小学校低学年

ケース1　支援を始めて4か月で話せるようになったAちゃん

オンラインセッション6人グループ　支援期間4か月

相談者：母Mさん（30代）　対象児Aちゃん（4歳）　関西地区在住

事例の概要

Aちゃんは、もともと恥ずかしがり屋でマイペース。家ではよくしゃべるが、外では特定の人としか挨拶、会話ができない。特定の場面で話せたり話せなかったりすることで対応に困ったMさんが、支援を受け始めたところ、症状が改善した。保育園の友達とも自分から積極的に関わって遊び、会話するようになった。Mさんも子どもの成長を喜び、家族全体の関係も改善した。

Aちゃんの症状・困り感（母へのヒアリング）

＊場面かんもくの症状や特徴にいつ気づいたか

娘が2、3歳のころからその傾向はありました。外ではずっと特定の慣れた人にしか挨拶できないし、もともと恥ずかしがりやでした。年中になってから、慣れていない人からは、挨拶されても目をそらして聞こえないふりをしているように見えましたので、場面かんもくではないかと気になりだしたんです。

＊友人関係、先生との関係

保育園では先生と仲がいいです。自宅に遊びに来る友人家族や、同じ保育園の仲良しとはしゃべれます。仲のいい子も数人います。私が保育園の先生に挨拶するように促しても、娘が固まってできないのをどうしたものかと思っていましたが、夫の助言などもあって、会釈はできるようになりました。

＊支援を受けようと思ったきっかけ

私が子どものころ、クラスにしゃべらない男の子がいましたが、先生からは何の説明もなく、その子がしゃべらないことは当たり前になっていました。大人になってから「場面かんもく」という言葉を知りました。娘の外での様子が、あの時の男の子に似ていると思い、このままでいいのか心配になりました。時々しゃべれることもあるので、親としてどうすればいいのか対応に困ります。保育園ではしゃべれる仲がいい友達なのに、公園で偶然会ったりすると、関わろうとしないし話せないことがよくあります。でも、歯科健診などではしゃべれたりもします。

＊一番心配なことは？

小学校に上がる時が心配です。場所が変わることに不安が強いので、このままでどうなるかが不安です。できたりできなかったりするので、母親としての関わり方がわからないです。

改善の過程

【親子関係の現状把握】

★最近のAちゃんのいいところを教えてください

同じグループで支援を受けているかんもく児のママと、「子どものいいところをお互いに発表する」という課題に取り組みました。初めはなかなか言えずに、相手の方とお互いに苦笑したこともありました。

娘のいいところ探しをしていて、これまで「ほめる」という行動が圧倒的に少なかったということに気づきました。娘は超マイペースなので、呼びかけてもなかなか動かず、ほめることよりも怒ることの方が多くなっていました。

でも、支援を受け始めてからは、不安や緊張が強くて、やりたくてもできないのかもしれないと思うようになり、そこから、娘への見方が少しずつ変わっていきました。

今までは、人前でほめることは少なかったのですが、良い行動を見つけたら、その場でしっかりほめる！　明るくほめる！　と心がけてこまめに繰り返したところ、明らかに娘に変化が出てきました。

保育園で先生に「おはよう」と声をかけられても今までは無言だったのに、ある日、「おはよう」と返事ができるようになりました。

保育園にお迎えに行くと、帰りの準備を自発的に始めるなど、行動が積極的になってきました。

あと、「親の過剰な手助けがかんもく状態を助けている」と学んだ時は、衝撃でした。私自身に当てはまるところが多くあったからです。娘が返事をする前に私が返事をしていたり、娘が何かに挑戦する機会を勝手に断ろうとしていたり……。

もちろん、良かれと思ってのことでしたが、結果的には娘の成長するチャンスを奪っていたのかもしれないと反省しました。

―改善の兆候や変化の発生

改善の兆候は、「行動目標を事前に準備する」ことを学んで、娘と一緒に実践した時から見られました。

行動目標を提案して、どこまでならできるか一緒に考えて、娘がやってみると同意したことを実践してみました。

まず実践したのは、ファミレスでの指差し注文です。言葉での注文は「できない、恥ずかしい」と言うので、指差しを提案しました。これを受け入れて実践できたことがきっかけになったと思います。

次は、「初対面の人に挨拶をする」でした。親子で仲のいいママ友に誘われて、初めてお邪魔するお宅に行く機会がありました。

最初は「ちょっとむずかしいかなー」と思っていましたが、娘に提案すると、「できなかったらペコでもいい？」と自分から言ってくれたことに感動しました。ペコとはお辞儀をすることです。どうやったら挨拶できるのか、自分なりに考えてくれました。

4歳の子でも、自分で考えることができるんだ、と思いました。

言葉でもペコでもどっちでもいい！　娘と一緒に考えられたことが嬉しかったのです。

ところが、いざ、挨拶の場面になると、娘は固くなっていました。

せめてペコだけでも～と願って、口出ししないように待っていたら、「こんにちは……」

なんと！　言葉が出たんです。意外とすぐできて、びっくりしました。その後しっかりほめました。

親の心構えとして、「トライしてできなくても責めない（やってみようとしたことをほめる）」と教わったのも、私の気持ちの支えになりました。

ひとつずつできることが増えるたびに、娘の自信になっているのが、目に見えてわかりました。

―成功要因や困難点の分析

○親の子どもへの注目ポイントが変化した

できないことよりもできていることに注目してほめる・認める方向へのシフトが子どもの心の安定につながった。自己肯定感が高まり、「やってみよう」の準備ができた。

○親の行動が変化した

・先回りして口出ししないことを決意した
・小さな良いことを見逃さずほめることを実践した
・挨拶の実践の時、場面かんもく児は言葉が出るまで数秒かかる。その「間」を、待てるようになった

〇行動目標を決めて事前準備をした

・不安のレベルシートを用いて、レベル3くらいの行動を見つける。子どもと話し合うなどの前準備をした

〇トレーニングの場となるリソースがあった

・お互いの家を行き来する友達がいた
・保育園で非言語で遊べる友達がいた
・新しい友達の家に遊びに行く機会があった

〇対象児の年齢が若い

4歳という年齢は、【ほめる】ことにも素直に反応しやすい。チャレンジシートを用いて、できたらシールを貼る、といった小さなごほうびがあるというやり方に楽しんで取り組めた。

改善の持続性と将来への展望

・過度な期待をしない
・次々と新しい課題にチャレンジさせようとしない
・待つ姿勢を大事にする
・焦ったり先走りたくなるママの気持ちを上手にクールダウン

ケース2　8か月で「おしゃべりできた」Bくん

オンラインセッション6人グループ　支援期間8か月

相談者：母Sさん（30代）　対象児Bくん（小2）　関西地区在住

事例の概要

Bくんは、人見知りで怖がり。家ではよく話し、家族を笑わせるなど面白い子。保育園では話せたが、小学校に入学してから外で話せなくなった。家族以外では、祖母の家と、特定の幼馴染2人だけとは話せる。

ピアノ教室の先生から紹介されて、支援を受けられるようになり、症状が改善した。もっとお友達とおしゃべりがしたいという意欲が出たとともに、自発的にお手伝いをするなど行動も積極的になった。しゃべれなかったピアノの先生とも話せるようになった。Sさんも母として子どもの変化を大いに喜び、自分自身の気持ちに余裕が生まれ、子育てが楽になったと話している。

Bくんの症状・困り感（母へのヒアリング）

スイミングスクールで一緒のお友達から、帰り際に「バイバイ」と言われても、息子は下を向いて反応しない。私が代わりに「ありがとう」と返事をした。家とはまったく違う沈んだ表情。このようなことが毎回起こる。他の習い事でも友達から「『あ』って言ってみて」と言われて、息子がうつむいて無言でいるのを見て、自分自身どうすればいいのかわからず、とても不安になった。

同じグループで支援を受けているお母さんから、

「うちも同じようなことがありました。娘の友達が私のところに寄って来て『○○（娘の名）ちゃんは、なんでしゃべらんの？』と聞いてきたんです。その時は、私がそのお友達に『学校ではおしゃべりが苦手なんよ〜』と伝えました。するとその子は『ふ〜ん、そうなんだ』と言うので『遊んであげてね』と言うと、『うん』と明るく答えてくれました。お友達にとってはただ純粋に不思議なだけで、悪気はないんだと思います。だからこんな時は、親の気持ちを素直に『しゃべるのが苦手で、学校では声がなかなか出ないの。でもみんなと遊びたいんだよ、仲良くしてね』と伝えればわかってくれるんじゃないかと思います」

とのアドバイスをいただき、自分もそうしてみようと思い、心が軽くなった。

Sさんは、できたことをほめることに集中し、「しっかりほめることができました。こんなに子どものことを観察したのは初めてです」と話されていました。

支援の過程
―改善の兆候や変化の発生

これまで、Bくんはかんもくの改善のために「これをやってみようよ」と提案されても「嫌だ」と拒否することが多かったそうです。しかし、支援を受ける中でリラクゼーションを学んだ時、SさんはBくんに次のように説明をしました。

「呼吸法や、さわやかイメージ法（目を閉じて静かに嬉しかったこと、楽しい出来事をイメージする）をすると、緊張しにくくなって楽になるんだって」

最初は渋々やっていたBくんでしたが、根気よく取り組んだ結果、母子で寝る前のお楽しみタイムとして定着したそうです。Sさんがうっかり忘れていたら、Bくんの方から「今日はやらないの、やろうよ」と言うぐらいだとか。

そして、それまでは目覚めた時にぐずぐずしたり、学校の支度に時間がかかったりしていたのが解消し、苦手だった朝も、すっきりと時間通りに起きることができるようになり、支度もスムーズになったとSさんは息子の変化に驚いています。

家庭でのチャレンジ

・インターフォンで「はい」と返事をする。
・不安のレベルシートを確認しながら、家でできる発話チャレンジとして何ができるか、親子で一緒に考える。

Bくんのチャレンジは「宅配便の人のインターフォンに応答する」ことでした。最初は少し渋っていましたが、「宅配便の人が来た時、ママが忙しくて出られない時があるから、『はい』と言って出てくれるだけで助かるんだよ〜。出てくれたら嬉しいな」と伝えたところ、「うん。やってみる」と引き受けてくれました。

いざその時になり、Bくんがインターフォンに応答してみると意外と簡単にできて、ママもしっかりほめてくれました。宅配便は頻繁に来るそうで、何度も「はい」と言葉で応答する練習をすることができました。いつしか宅配便に応答することがBくんのお仕事になったそうです。

この小さな成功体験が、改善のきっかけになりました。

地域でのチャレンジ

地域では、その子がどこまでできるかを不安のレベルシートで確認したうえで、目標行動を話し合って決めます。発話が難しい場合はそれは求めず、行動のレパートリーを増やすことを目標にします。

チャレンジ課題をクリアして、「自分でできる」ことを体験し、自信を深めてもらうのが目的です。

Bくんの場合もまだ声を出すことはハードルが高いので、近くのコンビニで「自分のおやつをレジに並んで買う」ことにチャレンジしました。

コンビニにはママと一緒に行きます。最初はママが横にいて、手をつないで実践しました。その後は、ママの手を離しても平気になり、徐々に少し離れたところにママがいても一人で会計ができるようになりました。

次に取り組んだ課題は別のお店です。ママが店員さんを呼んで、Bくんがショーケースの中のほしい品物を指でさして注文するという課題です。

これらの課題は、身近な生活のなかで、親子で考えたものです。

「ほしい」は行動のモチベーションになり、行動の後に目的のものがゲットできれば、それがごほうびになるので一石二鳥です。最初はドキドキしたそうですが、やってみれば楽しいトレーニングだったようです。


楽しく取り組むのが成功のコツです。

学校でのチャレンジ

この段階では、学校に協力をお願いして、放課後の教室を1時間程度借りて、子どもとともに遊びを取り入れて発話トレーニングに取り組むことができれば理想的です。

ただし、その子にとって教室が難しいなら、他の場所でも構いません。Bくんの場合は、ママと一緒に「校庭で鉄棒の練習をする」でした。

Bくんは鉄棒が苦手なので、できるようになりたかったとのこと。

約束した日にママと校庭に行ったのですが、誰かが遠くに見えたら、見られているから嫌だと言い、チャレンジはうまく行きませんでした。しかし、Bくんは「人が少ない公園で練習がしたい」と自らママに伝えたのです。そして、公園にママと出かけて、鉄棒の練習ができました。その後、練習の甲斐あって学校の体育の授業でもできたそうです。

苦手なことを克服するために、代替案を自分で考えてママに伝えたのはすごい成長です。

その後もBくんの支援を続け、どんな自分になりたいかという目標設定をするようになりました。

どんな小さな目標でも、「こうなりたい」という夢や希望を、他者に伝える練習です。

私は言葉で問いかけますが、Bくんも同じグループの他のかんもく児も声は出せませんので、意思表示の方法は筆談です。

Bくんは「牛乳を飲む、早く走る」

ママは「毎日ストレッチをする」

という目標を立てました。

目標は段階的に更新していきます。子どもたちは、少なからず家以外で話すことができないことで辛い思いをしていて、自分のかんもく状態を改善したい気持ちがありますので、

「話せるようになりたい」

を目標にすることが多く、ホワイトボードに書いて見せてくれます。Bくんも仲間とともに努力しながら、それを実現させることができました。

結果と考察（母へのヒアリングから）

よかったこと

・Bくんに自信がついたこと
・家族でたくさん話し合い、目標に取り組めたこと
・Bくんが、話したいと思うようになったこと
・親がたくさんほめるようになったこと

難しかったこと

・「信じて待つ」と思いながらも、つい親が先回りしがちになること

これからの希望

・家に遊びに来てくれるように、友達を誘えるようになる
・友達と笑い合えるようになる
・SOSが出せるようになる

ケース3

ボイスメッセージを活用して会話ができたCちゃん

オンラインセッション6人グループ　支援期間8か月

相談者：母Mさん（30代）　対象児Cちゃん（小1）　九州地区在住

事例の概要

Cちゃんが場面かんもくではないかと気がついたのは2歳のころ。保育園でも話せず、他の子のママに話しかけられても声を出して話さなかった。外で話せない状態が小学校入学後も続いたため小1の11月に支援を受け始める。8か月後には、様々なチャレンジが成功して、お友達と話すことができるようになった。母Mさんも、自分の関わり方ひとつで子どもが変わることを実感したと話している。

支援の過程

―改善の兆候や変化の発生

家庭でのチャレンジの際

・誰と話せて誰と話せないか

・どこで話せてどこで話せないか

・活動できることと、できないことを確認します。

それぞれの場面や人と接する時の「不安のレベル」。

この2つを確認しながら、親子で家庭でのチャレンジ課題を決めました。

Cちゃんのチャレンジは、

①帰ったらすぐに宿題をする（ほぼ毎日できることを、あえてほめるために設定）ダミー目標

②祖母と電話で話す（本来の目標）

チャレンジへのモチベーションをアップさせるには、日ごろから小さな当たり前と思うことをほめておくことが大事ですから、①を設定するのです。

チャレンジシートを使ってクリアしたらお気に入りのシールを貼ります。小2くらいの年齢ですとこのシールを貼ることも楽しいし、成功体験が「見える化」されるので、さらにやる気アップにつながります。そして、2週間後にプチごほうびを用意します。ごほうびはやる気アップに効果的ですが、注意があります。

・ごほうびが目的にならないこと
・高価なものはＮＧ
行動の対価として釣り合っているかを考えましょう。ほめられて嬉しい、できて嬉しいという気持ちが、最大のごほうびであることを忘れないでください。

家庭での2週間のチャレンジのうち、①は順調にシールが増えていき、②は1回だけ成功しました。

母Mさんによると、これまでは、祖母と電話で話をさせようとすると逃げていましたが、アプリのボイスメッセージを使って初めて成功しました。やってみると楽しかったようで、祖母に聞かれた質問に対して「うん」「楽しい」などと答えていました。

2週間後にもらえるごほうびは「付録付きの本」で、見事ゲットできました。

続いて地域でのチャレンジは、
①買い物に行き、母と一緒にセルフレジで会計をする
②人がいるところで家族と話す

学校でのチャレンジは、
①放課後誰もいない教室で母と遊ぶ（トランプ）
②放課後誰もいない教室で母と友達と遊ぶ（かるた、だるまさんが転んだ）
などに取り組みました。

改善の過程

・嫌なことや思い通りにならないことがあると癇癪を起こし泣き続けたりしていたが、それがほとんどなくなってきた。
・家族に、「ありがとう」「ごめんね」「大丈夫？」と言ってくれることが増えた。
・娘が明るくなり、家族の雰囲気も明るくなった。
・祖母との電話などでの会話では、以前より質問に答えられるようになった。

小学校高学年〜中学生

ケース4　環境が変わって体調をくずし、親子で行きづまっていたDちゃん

オンラインセッション6人グループ　支援期間1年

相談者：母Yさん（30代）　Dちゃん（小6）　九州地区在住

事例の概要

Dちゃんは幼児期から大人しいタイプ。幼稚園のころお友達とは遊んでいたので、Yさんはあまり心配していなかった。小学校入学後も話せなかったので心配ではあったが、仲良しのお友達が何かと助けてくれて4年生までは困らなかった。5年生のクラス替えで、担任の先生や仲良しの子と別れてしまったことで、教室に入れなくなる。その後、短時間の別室登校まではできたが、登校しようとすると腹痛を起こす。辛そうな娘を心配したYさんは必死に情報を探して、支援を受けるようになった。間もなく、別室で1日過ごせるようになった。表情も明るく前向きになり、8か月目でオンライングループの子ども同士で会話することができた。その後、自らの意思で中学受験に挑み、面接で応答することが

できて合格。自分から話すことに意欲的に取り組み、中学校では支障なく話せている。

Dちゃんの症状・困り感（母へのヒアリング）

幼稚園のころは、自宅に遊びに来た友達と会話はできず、私に視線を送って助けを求めるため自然と代弁していました。小学校でも状況は同じでしたが、4年生までは仲のいい、何かと助けてくれる子がいたため助かっていたのですが、地域でも声が出ないことで支障がありました。

5年生のクラス替えで友達と離れてしまい、2学期終わりから教室に入れなくなりました。なんとか頑張って5年生の終わりには教室に行けるようになり、本人も「6年生からは大丈夫」と言っていましたが、2日で教室に行けなくなりました。「行きたいけど行けないんだ」と辛そうに言っていました。

先生たちに相談しても理由はよくわからず。親子で行き詰まった状態となり、支援を受けることにしました。

改善の過程

行動を3種類に分けて現状把握

A　好ましい行動／B　好ましくない行動／C　危険な行動（Dちゃんは該当なしなので省略）の3種類に分けます。

この表を付けてDちゃんは、不安と緊張のため、うまく動けない状態（行動の制限）が起こっていることがわかりました。

好ましい行動

学校へ行こうとする意欲がある

宿題は計画的に自分でやる

新しい習い事に興味を持ち見学に行く意欲がある

うなずきで返事ができる

一部のクラスメイトと話せる

好ましくない行動

歩いて学校へ行けない

教室で授業を受けることができない

一人で歩いて学校から帰ることができない
一人で買い物に行けない

母への助言

Dちゃんは、学校に行き辛くても宿題はきちんとするなど、本来、まじめで頑張り屋さんです。新しい習い事にも興味を示して好奇心も旺盛のようです。

できないことにばかり注目して何とかしようとせず、今できていることを、しっかりほめてあげましょう。別室登校ができているならOKです。疲れたら休んでもいいのです。

学校以外のところでできることを増やしていけば、変化が出てきます。

家庭でのチャレンジ

・母方の祖母に電話をする
・食べた後の食器を片付ける

地域でのチャレンジ

・お店まで母と一緒に行き、会計は一人でする
・母は駐車場で待っていて、一人で買い物に行く
・家から弟と一緒に買い物に行く

学校でのチャレンジ

・ウサギ小屋から一人で歩いて別室登校する↓1日達成
・給食室から一人で歩いて別室登校する↓9日間連続達成
・校門から一人で歩いて別室登校する↓0日
・通常の下校時間に友達と歩いて下校する↓8日達成

スタート地点までは母と一緒でいいので、徐々に1人で歩く距離をのばしていきます。

これは刺激フェーディング法といって、本人が安心な場面からチャレンジして、不安な場面でも行動できるようにする技法です。

改善の状況

Dちゃんは、チャレンジの成功を重ねて自信がつき、小学校を卒業するにあたり、自分で考えて進路を決めました。中学は地元ではなく、行きたい学校を自分で選んで受験しました。**面接でもきちんと答えることができて合格しました**。

中学入学後は、まだ緊張する場面はありますが、友達と話すことや授業中の発言などもできています。自分で目標設定をして新たなチャレンジを継続しています。

現在中学3年生、かんもくを「克服した体験」を親子イベントで発表できるまでになりました。

ケース5　動くことも難しかったEちゃんが夢を叶えた

対面セッション5人グループ　支援期間3年半

相談者：母Tさん（30代）　対象児Eちゃん（中1）　九州地区在住

事例の概要

Eちゃんは、幼稚園のころから家以外で話せなかった。小学校時代は、歩くスピードが遅く集団登校のみんなと歩調を合わせて一緒に歩けなかったとのこと。緊張のための行動抑制があったと思われる。本当は運動も得意で走るのも早いそう。学校のトイレに行けず、給食が食べられない。最初に面談した際は、うなずきも筆談も難しい状態だった。支援を始めて4か月ぐらいで、担任の耳元で単語を発することができ、限定的ながら話せる相手や場所も増えた。

支援を受けながら、高校受験では面接でも話すことができて合格。高校1年の6月に支援終了。

高校生活には問題なく適応し、部活の部長を務めるなどして活躍。卒業前に希望の就職先が決まり、「この仕事につきたい！」というEちゃんの夢が叶った。

子どもの特徴や症状の詳細

・家では普通に会話する。妹たちの面倒をよく見る優しい姉であり料理が好きである。
・かんもく状態は、話せないだけでなく緘動もある。
・歩き方がぎこちなく非常にゆっくり。運動会でも走れないので見学していた。
・知的に問題はないが、話せないし行事にも参加できないことで支援クラスに在籍していた。
・うなずきや、筆談など非言語で伝えることも難しい。うなずいているのかどうかわからない、筆談の字が小さくて見えないほど。
・授業中ノートが取れない。いつも友達にノートを借りて家で学習していた。

改善の兆候や変化の発生

・担任に対しては単語では返事ができるが、なぜそうなったかなどの理由の説明ができないため意思疎通ができない。そういう時に泣いてしまう。後で母が担任に事情を説明している。
・トイレに行けない。支援員の女性が来る週3日は、声をかけてもらって行けるが、支援員がいない日は声掛けがないので我慢している。

改善状況

支援を始めて4か月後に、トイレ問題を克服することができた。

半年後には、今まで参加できなかった運動系の行事に参加して、体を動かせるようになった。

1年後、かすかに声が出て、職場体験に参加できた。自分一人でバスに乗って場面かんもくであることを理解して体験を受け入れてくれたお店に行き、朝から夕方まで体験ができたことも大いに自信につながった。他にも、

・ファミレスで聞こえる声で注文できた
・英語の先生の耳元で友達と一緒に声が出せた
・クラスの隣の席の人と話すことができた
・2年後、高校受験で見事合格

成功要因や困難点の分析

・母Tさんが育休中であり時間的に余裕があった中で、Eちゃんのサポートができた
・親の意識が、共依存型から自立サポート型に変わった
・学校の先生、友達、職場体験など地域の協力も得られた
・本人の「話せるようになりたい」強い意志があった
・本人のチャレンジ行動が継続した

これらが相互作用を起こし、Eちゃんが話せるようになるサポートの環境が整ったと考えています。

緊張して無言→できないと誰かが助ける→安心→無言にメリットがある
嫌なことを避けることで良いことが起こるという負の強化のループを脱して、
緊張の少ない場面→チャレンジ行動→成功→できて嬉しい→またチャレンジする
といった、チャレンジの成功体験が次へのチャレンジの意欲喚起となり、行動したことにメリットがあるからまた行動するという、正の強化の循環が起こったのです。

困難点の分析

・話せないだけでなく、体がスムーズに動かせない緘動があった
・回復の順番の一番下（動作・態度表出）から取り組む必要があり、その分時間がかかった。

ケース6

癇癪と母親依存が強かったFちゃん

オンラインセッション6人グループ　支援期間1年

相談者：父Tさん（40代）　対象児Fちゃん（小5）　関東地区在住

事例の概要

父がインターネットで場面かんもくについて検索して筆者にたどり着き、娘と妻のことについて相談。小5の娘はASDの診断があり、こだわりが強く不安も強い。特に家では母親依存が強く、癇癪を起こすことが増えて妻が疲弊しているとのこと。

妻の面談を経て支援を始めると母親依存が徐々に解消され、8か月目のチャレンジ課題で同じグループのかんもく児と話せた。行動レパートリーが増え、母のつきそいが不要となり自力登校が可能になった。

子どもの特徴や症状の詳細（父へのヒアリング）

娘のASD診断は3歳ごろ。過度の怖がりで、検査時に心理師とのやり取りもできなかった。入園後は話せていた。年長になり2階の教室に一人で行けないため母が付き添っていた。みんなと一斉にトイレなら行けるが、そうでない場合、一人では行けない。発表会の参加はＯＫ。特定の友達とはしゃべる。

小学校入学後、普通クラスと通級を利用。1、2年の時緘動が出た。転校し3年生から支援クラス。人数が少ないなら定型文、音読はできる。特定の友達とはしゃべる。4年生でコロナ禍となって、環境が大きく変わり（先生や校長の異動、生徒人数、先生人数が倍に、仲良しが転校した）非言語の対応や会話ができなくなった。家では小さなことで癇癪を起こし、親子げんかも多い。親として対応に困っている。

支援の過程

ホームワークで現在の親子の関わり方を把握。

地域での買い物にチャレンジ、できることからさせてみる実践。

商品の袋入れを手伝ってくれたので「ありがとう」と言うと嬉しそうな笑顔になる。

1人で帰れないため学校の移動支援を利用して母以外の人と下校にチャレンジ。

緊張気味だが、約束を守れて帰宅、「よく頑張ったね」とほめると非常に嬉しそう。

家庭での様子

家で休日に予定がない時Fちゃんは暇を持て余してグズるので、母が遊びを提案するが、それが気に入らないと癇癪を起こす。これが頻回に起こっていた。

かんもく状態の把握。上手なほめ方を学んだ時、母はあまりほめることがなかったことに気づき良い所に注目してほめることに努めた。

・マイナスコメントを付け足さないことも心がけた

家庭でのチャレンジ

○生活スキル向上のための目標を立てた

・晩御飯前にテーブルを拭く

・自分で使った食器を台所シンクに置く

・自分で布団を敷く

・朝、声を掛けたら自分で起きる

○対人発話チャレンジ

・祖母（T県在住）と電話で話す（レベル2）
・祖母（N県在住）とアプリのビデオ通話をする（レベル3）
・叔母（H市在住）とアプリのビデオ通話をする（レベル3）
○具体的な発話チャレンジ
・「こんばんは」、「おやすみ」を言うこと
・母が本人に電話をかけて、一緒に2、3分しゃべる実践をした

地域でのチャレンジ

・自販機で飲み物を買う（一人で、母は見えない所で待つ）
・買い物で会計する（一人で、母は一歩下がったところで待つ）
・図書館で本を借りる（弟と2人だけで、母は1Fで待つ）
・新しい友達と家か外で遊ぶ

成功要因や困難点の分析

Fちゃんはこだわりが強いなど、母にとっては育てにくい子だった。

環境の変化に弱いことに加え、母への依存が強かった。癇癪の頻度が高いことも親にとっての悩みのタネとなっていた。

不安になると母に頼り、構ってもらうと大人しくなるが、構ってもらえないと癇癪を起こして注意を惹く→母が構う、という行動パターンが習慣化していた。しかし対処法を学び、母が冷静に対処するようになってから変化が見られるようになった。

お手伝いなど生活スキルをチャレンジ目標に入れて、できたらほめることで、良い行動が増えていった。

娘の行動が変化して母の気持ちも落ち着いたことで、チャレンジ行動に工夫が生まれた。

地域でのチャレンジも順調にこなし、2か月目のオンラインセッションでの「お話チャレンジ」で2人組になった相手の子と「話す」ことができた。

現在は、クラスメイトとクイズを出し合ったり、言葉でしりとりができるようになっている。

結果と考察

母とFちゃんが、コツコツと楽しみながらトレーニングを重ねたことが奏効した。

オンラインセッションのかんもく児たちと一緒にコミュニケーションレッスンができたことが自信につながり、Ｆちゃんの生活圏の中でもそれが活かされた結果となった。学校にスムーズに行けるようになり、登下校に母の送迎は必要なくなった。母は気持ちと時間に余裕ができてパートの時間を増やしたとのこと。

ケース7

1年半不登校だったGくんが登校できた！

オンラインセッション6人グループ　支援期間1年

相談者：父Iさん（40代）　対象児Gくん（中2）　関東地区在住

事例の概要

Gくんの場面かんもくと不登校を心配した父からの相談。

場面かんもくに気づいたのは小学1年生の11月。6年生の夏休み明けから1年半不登校だったが、受講後、親子関係が改善し家でよく話すようになり、受講3か月目に学校に復帰できた。学習も意欲的に取り組み、高校に進学することができた。

子どもの特徴や症状の詳細（父へのヒアリング）

学校では担任や仲のいい子とは小声で話す。家では、家族以外は親戚とも話せない。社会的場面では話せない。現在の不登校状態を相談する人がいない。本人の気持ちがわからない。運動は得意。5年生ではリレーの選手だった。

普段の家での過ごし方は、マンガ、YouTube、ゲーム、読書。

外へはあまり出ず、たまにガレージにある卓球台で1人打ちをしたりボール蹴りをしたりした。

父はよく「太陽の光を浴びないと体に良くないぞ、外に出ろよ」と声をかけていた。

土日は、友達と通信ゲーム。たまに友達とＬＩＮＥをしていた。

小学校の時から書店が好きだったので、土日のどちらかで、父親が連れて行った。

本人も土日はそうするものという感じで、毎週継続。たまに担任の先生が様子を見に来てくれた。

昼夜逆転しないように、朝7時起床、23時就寝とし、概ね守ってくれた。

この間、スクールカウンセラー、市相談員、担任等と両親の面談を4回ほど実施。

子どもの部屋に入り、何かを話しかけるとすぐに「シッシ」と手で、出て行けとやられた。

担任には「中学校へは一度も行けないと思う」という本人の発言を伝えていた。

現在は引きこもっている状態だが、昼夜逆転はない。朝は7時に起きる（起こしている）。Ｚｏｏｍで朝と夕方、担任と健康観察など、決められたことはきちんとやる。小学校までは家族とはよくしゃべっていたが、最近は家族との会話も減り、声が小さくなってきたことが心配。

支援の過程

ホームワークシート①、②を使って、親子関係とかんもく状態の現状把握をした。

① 好ましい行動

・自分で食事の準備をする（朝晩）

・寝る前には歯みがきをする

・外から帰ると手指消毒をする（コロナ禍であるため）

② 好ましくない行動

・話しかけても返事をしない

・手でシッシという仕草で親に対して向こうへ行けという態度を取る

・パソコン、ゲームを長時間やる

③ 危険な行動　なし

父の記録を見ると、Gくんにはルールを守るまじめさがある。本来はまじめで素直な性格ではないかと推察される。

父への私からの助言は、

・Gくんが好きなこと、得意なことに親の方から接近して関わりを持つことが大事。思春期なので子どもの方からは寄ってこなくなることが多い。

・運動が好きなら、何かスポーツをするのも一案。

改善の兆候や変化の発生

子どもの気持ちが知りたくて、話しかけてもダメだから、筆談で本人の考えを聞いた。初めての質問は回答までに2週間近くかかった。

息子から回答があり、筆談だと相手にしてもらえそうだと思い、筆談によるQ＆Aを始める。

マンガや、城、武将、伝記が好きだったのでその関係の問題を毎回5問ほど出してみると、すぐに調べて回答してくれた。最初はメモで、後にノートでやり取りした。

何回か続け、その後歴史、地理、計算問題、英語などの問題を出すと回答してくれた。

このやり取りが日課となり、子どもとの距離が縮まってきた感じがした。

何回か「問題」のやり取りをした後、「学校へ行ってみたい」という子どもの気持ちを確認できたので中学校を見に行った。

入学式にも行けなかったが、父と放課後の誰もいない教室に入ることができた。それをきっかけに、Ｇくんは学校に行くことに前向きになっていき、その後、登校を果たす。

成功要因や困難点の分析

Ｇくんは緊張が強く、オンラインのグループセッションに顔出しすることは難しかった子です。

しかし、１年間かんもく児仲間と共に学んできて不登校が解消するという大きな行動の変化がありました。朝自分で起床するなど身辺自立も果たし、外に出るのは父と週末の本屋だけというほぼ引きこもりの状況から、地域での単独の買い物行動も可能になりました。これらは「話すこと」以前にＧくんのＱＯＬ（生活の質）の向上に貢献したと思われます。

元々学習意欲もあり、学校が嫌いで行かなくなったわけではないのです。

後に不登校のきっかけとして分かったことは、小学校時代の担任に、言葉が出ないＧくんに対して「しゃべるまで立っていなさい」とクラスのみんなの前で言われたことで、先生との信頼関係が崩れたからだと教えてくれました。

Fくんは不登校が解消した後、高校進学も果たしています。

父が自分の価値観を押し付けず、子どもの興味関心に自分の方から接近したことが一番の成功要因ではないかと推察します。

小学校時代の傷つき体験は不登校のきっかけになり、友達もいて学習意欲もあるGくんが、社会的場面に出にくくなってしまうことにつながってしまいました。

不登校状態が長引けば、学校に行けない自分への自責感が増し、長期化すればするほどうつ、引きこもりなどの「2次障害」が起こりやすくなります。Gくんも、その入り口に差し掛かっていたと思われます。

毎日父と筆談交換ノートを続け、本人の気持ちを確認し、どうしたいかという意思を尊重しながら担任と連絡を取り、学校への復帰もスモールステップにしたことで、大きな改善成果が得られました。

ケース8

複数の支援が奏効し、支援開始7か月で克服したHさん

対面セッション6人グループ＋個別セッション　支援期間7か月

相談者：母Uさん（40代）　対象児Hさん（高2）

事例の概要

家以外で話せないことが幼児期より継続しているため、希望により支援を開始。

当初は筆談も難しく、選択肢を与えて質問しても選ぶことができない状態。母と同室で遊戯療法などを取り入れた。緊張緩和のための「遊び」を入れながら関わることで、少しずつ筆談が可能になった。

子どもの特徴や症状の詳細（母へのヒアリング）

幼いころから人前で話せなかった。家では話せるが、親戚の集まりで家族以外の人がいる中では言葉が出なかった。母は不思議に思っていたがなすすべがなかった。Hさんは、

「話そうとすると、のどがきゅっと縮まる感じがする」と後に話していた。

当時は不登校状態であったため、クリニックで行っていた不登校児のデイケアに通うことになった。当初はここでも言葉を発することができなかったが、デイケアは毎日通った。同じ不登校の子ども達数人と触れ合う中で、少しずつ声を発することが可能になった。

通信制高校へ編入し、登校しなければならないという心理的負担が減ったことで、登校できるようになってきた。

私の対面セッションと不登校児のデイケアを並行して実施した結果、支援から7か月目で言葉を発することが可能になる。表情も明るくなり、地域でもお店で店員に声を出して買い物ができるようになった。高校を卒業後は専門学校を受験し、面接でも話すことができた。その後も話すことに困難はなく、学生生活を楽しむことができた。

支援の過程

支援を始めて最初のカウンセリングは、母子同室で行った。「今日は誰と来たの？」など答えが一つしかない質問には「母と」など単語で答えられたが、選択肢のある質問には、固まっていた。

家以外で話せないことの辛さを1～5までの数字で聞いたら、4に○をつけた。
・Hさんと母にストレスマネジメントワークを行うことを伝える。Hさんは、うなずきはできる。
・テキストを渡し、私が読む。その後設問の所を記入するように求めると、鉛筆は持つが書けない。しばらく待っても書けない。
その後のカウンセリングは、月1回母子同室で行った。

当時、高校へは別室登校であり、母に送り迎えしてもらっていた。友達と遊ぶことはなく、もっぱら家族と従妹たちだけと関わる状態。

母の中で、家以外で話せないことを理解できずに、困った子だという気持ちがあり、ほめることはほとんどなかったが、支援を受け始めてからHさんをよく観察してみると、他者に対する小さな気遣いができるところなど、良い面がたくさん見えてきた。今まで気づかなかった日常的な良い行動もほめる関わりを続けていくと、表情が明るくなり家庭の雰囲気も穏やかになってきた。

さらに不登校児のデイケアに通い始めたことで、自分と同じ不登校の仲間と過ごす居場所ができたことが、心理的な安定につながったと考えられる。

通信制高校に編入してからも、ほぼ毎日デイケアに通ってきたので、他児との関わりやデイケアのプログラムを楽しむ余裕が出てきて、徐々に会話ができるようになり、7か月後には話せるようになった。

成功要因や困難点の分析

支援の過程を見てもわかるように、当初は緊張が強くて、筆談も難しかったが、**複数の支援を同時に受けられたこと**が奏効したと考えられる。

①［個別カウンセリングによる心理教育と刺激フェーディング法等の実施］

②母が第一の支援者となったことで、母の子育てに対するパラダイムシフトが起きた。以前は、Hさんが社会的場面で話せない、一人で登校できないから送り迎えをするなど守りすぎの状況だったが、Hさんの良いところに注目し「ほめる／認める」関わりにシフトした。そのことで親子関係が改善し、Hさんの自己肯定感アップ、行動の積極性、チャレンジする意欲が生まれ、次第に一人で行動できるようになった。

③［不登校デイケアの利用］　同質集団による安心安全な居場所としての機能があり、不登校状態をネガティブに受け止めることがなかった。むしろ仲間の存在によって心理

的に安定した。それとともに、発話の練習場所としても機能した。

④［通信制高校への編入］　普通高校で別室登校となり教室へ入れない自分をネガティブに受けとめて、自信を無くしていたが「自分を変えたい」思いから通信制高校に替わる決心をした。ここも学校見学をして自分で決心したことが奏効したと考えられる。母の方がまた行けなくなったらどうしようと不安になっていたが、通信制高校で友達ができた。学校が楽しいと思えたことも発話の促進に奏効したと考えられる。

現在22歳になったHさんは、かんもく親子イベントで司会を務めるなど、積極的にチャレンジを続けている。

ケース9

自閉症スペクトラム障害との併存があるIさん

オンラインセッション6人グループ　支援期間1年

相談者：母Oさん（40代）　対象児Iさん（高2）　九州地方在住

事例の概要

Iさんは ASDの診断があり、幼いころから緊張が強くて外ではしゃべりませんでした。親が何かとサポートすることで乗り切って、小学校、中学校と上がってからも常に学校と連携をとって、困った時にはすぐに駆けつけるようにしていました。学校の役員なども積極的にして先生とのつながりも心掛けてきました。ただ、配慮してくれる先生もいればそうでない先生もいて、学年が上がるたびに説明していました。高校は支援の手厚い学校を選びました。しかしいじめもあり、意思の疎通ができず、場面かんもくの症状は一向に変化がなかったのです。あと1年半で高校を卒業することを考えると今後どうしていったらいいのか不安でした。このままで話せるようになるのか、友達ができるのだろうか、社会に適応できるのか、仕事に就けるのか。そこで、知人の紹介もあり、支援を受けることにしました。

子どもの特徴や症状の詳細

喜怒哀楽の表情が表れにくいのはＡＳＤの特徴でもあるので、当初、Ｉさんは表情が硬く笑顔は全く見られなかった。

道具などを使って「ＹＥＳ／ＮＯ」を答える場面でも動作がゆっくりだったが、支援が進むにつれて、次第に表情が出て、反応が早くなっていった。

成功要因や困難点の分析（母へのヒアリング）

「支援を受けてから、代弁していてはいつまでたっても子どもはしゃべれるようにはならないことを学びました。かんもくを改善するための具体的な支援方法を教えていただいたので積極的に動けました」

娘は場面かんもくを克服して「好きなアーティストのボーカルの方と話す」という目標を立てました。学校で疲れて帰ってきても本当にダメという時以外は、頑張って課題にトライしていました。できた！　やれた！　という感覚を味わうことで、次もやってみようと思えたようです。あらかじめ予定を伝えていたので、嫌がることもなかったです。

病院の予防接種でも、これまでは母が代替することが多かったのですが、診察券を自分で出したり、診察室に一人で入ってドクターの質問に答えたりもできました。

家庭編の発話チャレンジでは

事情を知っているママに協力してもらい、「友人との電話」にチャレンジしました。電話で「定型文」を用意しておくとスラスラ言うことができました。お友達（高3の女子）のお母さんもIがしゃべっているのを隣で聞いていて、「感動して録音しちゃった」と言われていました。「次も親子で、電話を待ってるよ」と言われたので、話す内容を考えて続けていきたいと思いました！　このまま経験を積んでいけばしゃべれそうだと感じました。

Iさんの母は、ご自身でも振り返っておられるように、支援当初は子どもを守る気持ちが強くありました。そのため、転ばぬ先の杖をたびたび用意する、共依存型保護者だったようです。

守られるばかりのIさんは自分で考えるチャンスがなかったのですが、支援開始後は、不安のレベルに基づいて話し合いながらできることへのチャレンジを重ね、成功体験を得てきたことが話せるようになった要因としては大きいと考えます。

しかし、実際には紆余曲折がありました。

母からは、学校や職場実習先の先生との行き違いに関しても相談を受けていました。Iさんには、言葉が出ない、わかってもらえない、きつい言い方で指導をされた時に対応できないなどの度重なるストレスにより、慢性的な心因性の頭痛がありました。

結果と考察

母からの相談に対して私は、学校や実習先の先生との行き違いの原因を明らかにして、母としてまたIさんが伝えたいことは何か、今できていることは何か、これからIさんが言葉でなくても筆談等で伝えられることは何かについて、具体的な助言を行いました。その後、助言を実践して他者との交渉の仕方も少しずつ獲得していったのです。

これから社会に出ていくIさんにとっては、自分のできるやり方で、他者との交渉の仕方を学ぶことも大切な課題なのです。

高校を卒業後、Iさんは就職し、職場でも話すことができています。さらに家庭でも、以前より家族との会話が増えました。自分の気持ちを伝えることができるようになり、明るく朗らかになったそうです。

ケース10

22年間家以外で話せなかったJさんが、話すことができた

対面セッション6人グループ＋個別オンラインセッション　支援期間2年4か月

相談者：母Uさん　Jさん（22歳）

事例の概要

支援開始当時、当時22歳のJさんは、3歳ごろから保育園で話せなかったが、園にはなじんでいた。ところが卒園式の練習で先生から返事を強要されたことで緘動が出て、立つこともできなくなった。療育の先生に相談して、話すことを強要しない方針に変えたら、卒園式には返事はしないものの参加できた。小学校では周囲の友達に手助けしてもらい、隣の子とは少し話すことができた。低学年のころはそれでよかったが、高学年になると仲良しの女子グループがいくつもできていてそこには入っていけなかった。

仲のいい子と同じクラスにしてもらう配慮も5年生からはなくなり、それからは誰とも話さなくなり孤立してしまった。

Jさんの状況（母へのヒアリング）

家以外で話さないことについて「性格ですから、いずれ話しますよ」と言われていましたが、親としてはどうしても気になるので、小学3年生の時、病院を紹介してもらい、場面かんもくの診断を受けました。高校を出て就職しましたが、職場で挨拶などを厳しく指導されて、「頭が痛い、仕事に行きたくない」と訴えるようになりました。その後、配慮のある別の職場に替わりました。これまで20年くらい色々とインターネット等で場面かんもくについて調べましたが、当時は情報が出てこなくて外国の情報しかなかったんです。小さいころから、色々な所に相談に行きましたが全て「様子を見ていい」と言われ、いつか話せるようになるだろうと思い、22年たってしまいました。

支援を受けるまでは、話せないから代弁することが当たり前になっていて、娘もしてもらえるものと思っていたようです。このままではダメだとわかって、自分でできることはさせるようにしました。身近には場面かんもくの子がいなかったので、同じ悩みを持つ保護者の方と触れ合えて気持ちが楽になりました。4か月間学んで、娘には積極性が出て、マクドナルドで指差し注文する、コンビニで「袋はいりません」と首振りで対応できるようになりました。

娘が以前と違って、人と関わることが楽しいと思い始めていたので、やはりアドバイスがほしいと思って再度支援を受けることにしました。それから、電話で親戚と話すことができたり、宅配便の方に言葉で応答できたり、コンビニやレストランで言葉で注文ができたり、会社の人とも言葉のやり取りが少しずつできるようになりました。20歳を過ぎてもスモールステップを積み重ねていけば話せるようになるのだと、嬉しい気持ちでいっぱいです。

改善の兆候や変化の発生

家庭でのトレーニングでは、会話の練習相手として義兄（姉の夫）やいとこが協力してくれた。いずれも緊張レベルは3の相手である。お互いにスケジュールを立てて、相手から電話をかけ、Jさんがそれに答える形で練習を重ねた。

約2年にわたり、家庭・地域・職場での目標行動を決めてくりかえし取り組んだ。

成功要因の分析

母をはじめ家族・親戚・職場の方々も協力して根気よくスモールステップを積み重ねた結果、Jさんの成功体験が自信につながり、「話すことが楽しい」と思えるようになったことが成功の要因と考えられる。22年間完全に守られた状態から、少しずつ自分でできることを増やし、Jさんなりの自立に向けて現在も支援は継続している。

22歳からでも、トレーニング次第で話せるようになったという事例である。

新しい行動に積極的にチャレンジすることで、新たな行動レパートリーや発話を獲得していける。

Chapter 5

Q&Aでわかる！「場面かんもく」について覚えておきたい応用知識

Q1 外でストレスがあるからか、家では癇癪が強くて困っています。

A1 場面かんもく児はそれぞれ程度の差はあれ、学校では緊張の連続だと思います。やっと家に帰って緊張が解けた瞬間に、たまっていたストレスを家族にぶつけるという話は、よく聞きます。

対策としては、まず親が落ち着いて対応しましょう。子どもの感情の渦に巻き込まれないことです。

何とかしようと思えば思うほど、お互いにヒートアップして言い争いになるか、もしくは親が子どもの言いなりになりがちで、これはどちらもよくありません。

子どもと理屈で対決してしまうと、子どもは「わかってくれない」と思って、さらにヒートアップする可能性があります。

逆に、癇癪を起こせば親が言うことを聞くという対応をすれば、そこにメリットが生じてしまうので、癇癪は増えるでしょう。

こんな時は、「何か嫌なことがあったのね」と声をかけて、子どもをそっと見守ることを心がけましょう。

怒りやヒートアップした感情は、放っておけばやがて静まります。

自分で感情を治めるチャンスを与えるのです。

そうして子どもが落ち着いたら、「自分で気持ちを切り替えられたね」と言ってほめましょう。そして一緒におやつでもいただきながら、「気が向いたら話してね」と、淡々と普通にふるまうのがおすすめです。

Q2 学校で、やればできるのに失敗を恐れてチャレンジしないことがよくあります。どう声をかければいいですか？

A2

場面かんもく児にはよくある思考パターンです。そもそも生まれつき行動抑制的気質があるので、心配性です。「できなかったらどうしよう」「失敗したところを見られたくない」「一度でも失敗したら立ち直れないかも」などと心配する子もいます。

失敗を予感する→回避する→安心を得るというパターンが習慣化しているのかもしれません。こんな時は、無理にさせようとせず、日ごろからその子が頑張っていること、できていることをほめることです。日ごろの「認められた体験」がなければ新たなことにチャレンジする勇気は出ません。だから、日ごろの親の声掛けが大切なんです。その子が普段できている当たり前のことを、さりげなくほめてください。

そのうえで、「パパやママも心配になることあるよ。ドキドキするよね」と、不安な気持ちを受け止めてあげましょう。

そして、どうすればできるか、どんな工夫があればできそうかを一緒に考えるといいですね。

Q3 小学校低学年までは話せていましたが、だんだん話せなくなりました。

A3

これもよく聞く話です。子どもの内面の変化と、環境の変化に関係があるかもしれません。小学4年生くらいになると、思春期の入り口です。他者との違いを意識するようになって、自分はみんなと違うと感じてしまいます。それと同時に人間関係も変化します。友達同士のグループができるようになり、低学年までは構ってもらえたのに、仲のいい子が他の友達と仲良くするようになると、その輪には入れず孤立してしまいます。するとますます話せなくなってしまうのです。

周囲の子も「話さない子」としてサポートしてくれるかもしれませんが、本人のなかでは「今更しゃべれない」という気持ちも起こってきます。

適切な支援が必要です。

Q4 このまま話せないと、将来就職できるのかと、親の方が不安でたまりません。

A4 場面かんもくが高校生以上まで長く続くと、社会に適応できるかどうかが親御さんの一番の懸念になりますね。もの心ついてから10年以上も続いているということは、不都合ではありますが、それなりに適応している状態なんです。

どういうことかと言うと、しゃべらなくてもそのことを周囲が受け入れてくれる、登校できる、テストが受けられる、行事にも参加できるという場面かんもく児の場合は、周囲から見れば「困っていない」ように見えるのです。学校側は問題行動を起こさないいい子なので、しゃべらないことは支援の対象とはみなされないことがあります。

かんもく状態のまま、学校生活に適応しているように見えるわけです。

本人が困り感を訴えることがないので、学校生活は淡々と進んでいく。大学も入学試験の点が取れれば合格します。問題はその先です。大学では話さないことで色々支障が起こります。この段階になって、本人のなかでも困り感が顕在化します。

過去は変えられないので、気がついた時から支援を始めることをお勧めします。

基本的な対応は、何歳になっていても同じです。大学生になって、ゼミで話せないことで登校できなくなってしまったクライアントがいますが、メソッドを実行しながら少しずつ前向きに行動ができるようになっています。

先を憂えず、まずできることから始めるとよいでしょう。

Q5 自分には価値がない、このままなら死にたいと言っています。

A5 そう思わせる、何らかの傷つき体験があるのですね。こんな時は、話を聞いてあげるといいですね。

親は動揺せず、だからと言って軽く考えるのも良くないので、

「何があったのか話を聞かせてほしい。どうすればあなたが幸せに生きられるか一緒に考

えるよ」

と言って、十分に話を聞いてください。

批判も評価も理屈も言わずに、聞いてください。子どもが「十分に受け止めてもらった」「話を聞いてもらった」と感じたら、落ち着くはずです。

もし、それでも落ち着かない場合や、実際に自殺の計画を立てている様子などがあれば、かかりつけ医に相談しましょう。心療内科や精神科受診が必要な場合があります。

Q6 話せないのは自分の努力不足だと言って必死に頑張っていますが、話せません。どう声をかければいいのでしょうか？

A6 もともとまじめで頑張り屋さんなのでしょうね。色々なことを努力して乗り越えてきた経験があるのかもしれません。それはその子の大切なリソースです。ただ、場面かんもくの場合は頑張り方に工夫が要ります。頑張っても話せないなら、辛いですよね。

それは失敗体験になり、やる気が失われます。自分はダメな子だというネガティブな自己イメージが生まれるかもしれません。それはとてももったいないことなので、頑張る気持ちがあることはほめ、そのうえでやり方を工夫する提案をしましょう。現状把握が大切です。

不安のレベルシートをつけてみると、自分でも気がつきにくい不安が「見える化」されます。どこで話せてどこで話せないか、人・場所・活動に分けてこちらも表につけてみると、現状が把握できます。不安のレベルの中間くらいからチャレンジ目標を決めると無理なく成功体験が積めます。

これまでのやり方は、知らない間にビッグチャレンジをしていた可能性があるので、これを切り替えて、スモールステップチャレンジにしていくとよいでしょう。

Q7 知らない人の前では普通に話せます。人を選んでいるのでしょうか？

A7 これも、場面かんもく児によくあることです。決して選んでいるわけではないのですが、自分のことを相手が「場面かんもく」だと知らない人なら、話すところを見られても大丈夫と、体が反応するのではないでしょうか。

例えば旅行先など、一度しか会わない人で自分のことを場面かんもく児だと認識していないなら普段通りにふるまえる。しかも家族と一緒だから安心できるということが考えられます。

Q8 場面かんもくは、親の育て方が悪いのでしょうか？

A8

親の育て方が原因という考えは、古い研究による誤解で、現在では否定されています。

「診断名」や「定義」は時代とともに変化してきました。

1877年に、ドイツ人医師のKussmaulによって「随意的失語症」と名づけられ、当時は、場面かんもくは子どもの過去のトラウマ体験や不適切な養育環境によって引き起こされると考えられていました。ある場面では発話がみられない一方で、他の場面ではそれが可能であることから、子どもが話さないことを随意的（意図的）に選択していると考えていたのです。

さらに、1934年スイスの精神科医Tramerは、子どもが話さないことを「選んでいる」という考えを強調し「elective mutism」（選択性かんもく）の名称に変更しました。

そして、かんもく症状が特定の場面で起こるのは、発話を意図的に拒否しているのではなく、置かれた環境の中で経験する不安によるものであるという最近の研究結果を反映し、1994年に「selective mutism（場面かんもく）」と名称を改めることになりました。

つまり診断名は「随意性失語症」→「選択性かんもく」→「場面かんもく」（現在の診断名）と変わり、定義も「過去のトラウマ体験や不適切な養育環境」→「自ら話さないことを選んでいる」→「発話を意図的に拒否しているのではなく、環境の中で経験する不安による」（現在の定義）と変化しました。

不適切な養育環境が原因で場面かんもくになる、という考え方も現在では否定されています。

しかし、一般によく知られていないために、ストレスのせいだとか養育環境のせいだとか誤解されることがあります。正しい定義を、一般の方々にも知っていただく必要があります。

Q9 進級・進学にあたり、学校側にどのように配慮をお願いすればいいのでしょうか？

A9

まずは、わが子の場面かんもくの症状を学校関係者に面談して伝えておくことが必要です。そのうえでどのような配慮をしてほしいのか、何をしないほうがいいのかをよく話し合うことです。

最低でも学期に1回程度はクラスの様子を担任の先生に聞いてみることをお勧めします。学校の先生は場面かんもくについてご存じの場合もあればそうでない場合もあります。情報交換をして共通認識のもと、その子が話さなくてもいい支援ではなく、筆談等で本人が意思表示できることはないかを検討するとよいでしょう。

緊張が強くて、トイレに行けない、給食が食べられない子もいます。トイレの場合は、定期的に声をかけてあげると行きやすくなることがあります。給食の場合は、別室でなら食べられるかもしれません。

子どもによって求められる支援は違うので、その都度何が必要か話し合うことが大切です。

Q10 嫌なことから逃げる癖がついています。厳しく言った方がいいのでしょうか？

A10

嫌なことから逃げることで安心感を得るというパターンが身についていると考えられます。厳しく言って聞かせてもできるようにはなりません。親からの強制や説得によって行動できたとしても、一時的なものです。子どもは自ら考えて行動するようにはならず、指示待ち、親への依存が強くなります。子ども自身が選択した行動ではないので、成功体験として感じにくいのです。

不安や緊張の強い、場面かんもく児の自発的な行動を増やすには、親が考える「させたいこと」「この年齢であれば当然できるはずのこと」をさせようとすると、子どもにとってはハードルが高くなりますので、子どもの現状として少しの勇気でやればできそうな行動にチャレンジして、成功体験を積み重ねることです。

「やれば意外とできた」「できて嬉しい・ほめられて嬉しい」体験をすれば、行動することにメリットがある正の強化が起こります。すると、今まで避けてきた行動にも挑戦でき

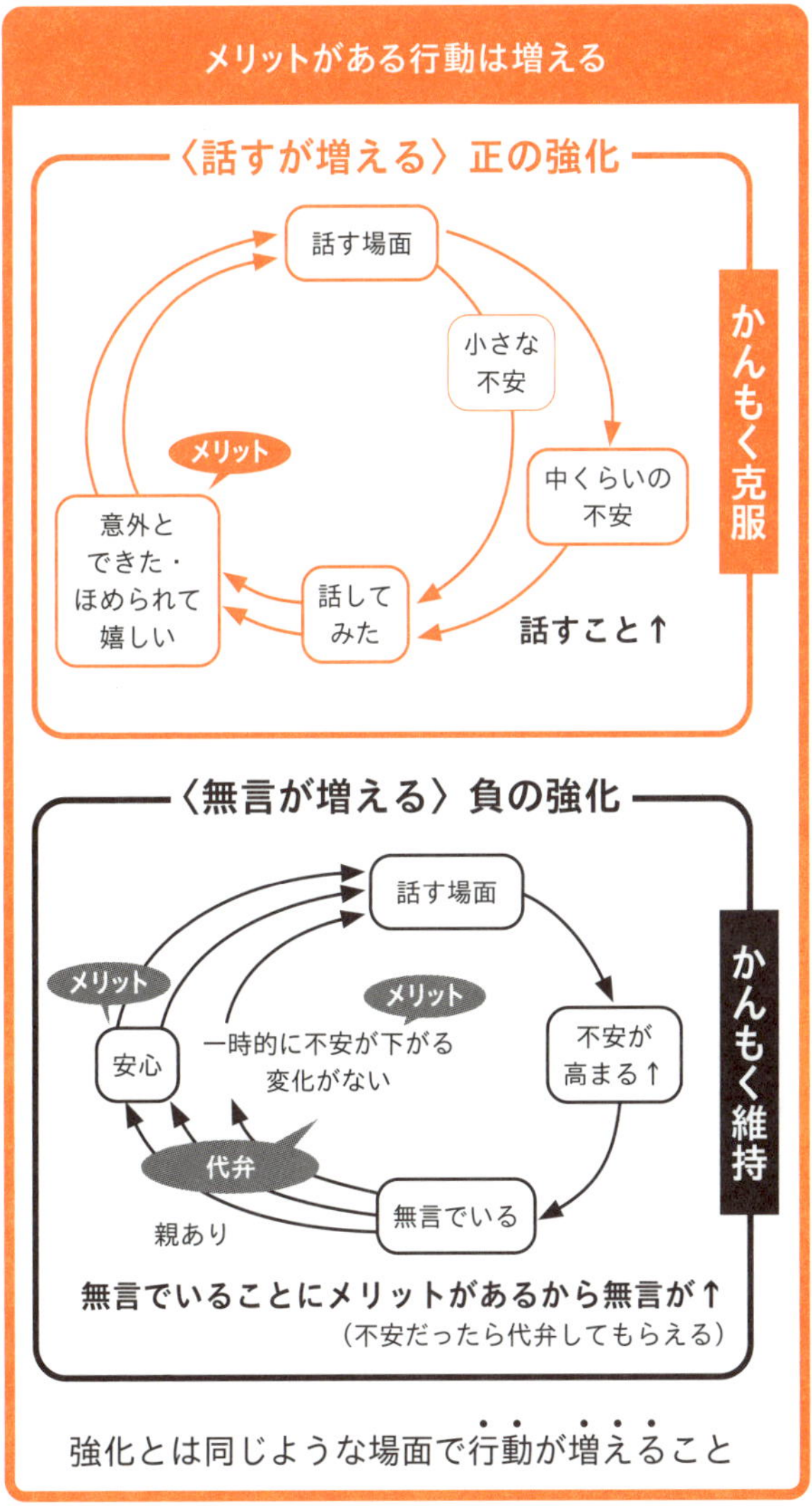

て、自らやってみたいと思う積極性が出てきます。

おわりに

これまで、場面かんもく症で生活に支障があり、悩んでいる多くの親子を支援してきました。

親御さんたちは、何とかしてわが子を助けたいと必死で情報を探しておられました。しかし、有効な支援を提供し、わが子が話せるようになって、生き生きと学校生活を送るところまで継続的に支援してくれるところにたどり着くことは難しいのが現状です。事例が少なく欧米に比べると研究が進んでいないため、支援者が少ないのです。

医療機関や療育施設、学校関係者、スクールカウンセラー等に支援を受けて改善してきたというお話もありました。しかし、ドクターが異動になった、担任やスクールカウンセラーが替わったため、支援が途切れてしまったという話もよく聞きます。

日本の現状として、場面かんもく児が改善するまで継続的に支援するのは難しいのです。

私がなぜ場面かんもくに特化した改善メソッドを開発し、継続的に支援しているかと言うと、勤務先のクリニックで偶然にも多くの場面かんもく児と触れ合う機会があり、ご縁があったからと言う外はないのです。不思議なご縁に導かれて、ここまでやってきたように思います。

２０１３年に初めて場面かんもくの男児に出会った時から、年々担当数が増えて、多い時は月に15人ほどの場面かんもく児を担当していました。

遊戯療法や箱庭療法では変化がないことに気がつき、有効な支援法を調べていて、行動療法のアプローチが有効であることがわかりました。同じ時期にクリニックでは発達障害の子を持つ保護者向けに定期的にペアレントトレーニングを実施していました。トレーニングを受けた保護者からは子どもの行動が改善されて、家族関係も良好になり、毎回喜んでいただいていました。

この経験により、場面かんもく児に特化したペアレントトレーニングをプログラム化して、２０１８年から実践してきました。

「親を助けることが場面かんもく児の未来を開く」

これが11年間私が場面かんもく児の親子支援を実施してきて、実感することです。

話したいけど話せない子どもは困っていますが、親も不安でいっぱいでした。メソッドでは親が場面かんもくの正しい知識と子どもへの関わり方を学んで実践することで、親が変わり子どもが変わっていきました。

専門家の関わりはいずれにしても期間限定です。効果的な技術を提供するとしても決められた時間内の関わりです。そして場面かんもく児の場合はカウンセラーに慣れることに非常に時間がかかります。

それに対して親子の関係は一生ものです。専門家にお任せではなく唯一安心して話せる場所である家で、親がサポートの仕方を学び、第一の支援者となって子どもの発話を援助できれば最強です。

家、地域、学校と場所を拡大しながらスモールステップのチャレンジを繰り返して、目の前で話せるようになった子どもに触れることができた時、親御さんの喜びもひとしおでしょう。

オンラインセッションの中で何度もその場に立ち会い、たくさんの保護者から感謝の言葉をいただき、私も支援者として嬉しい限りです。

子育てのゴールは「自立」。

共依存型保護者から自立サポート型保護者になっていただけるよう、保護者をエンパワメントすることが私の仕事です。

親として、あなたの望む未来は何ですか。

その子の得意なことを社会の中で発揮する、仕事に就く、今しかない学校生活を楽しんでほしいといった言葉をよく聞きます。

自分でチャレンジを繰り返して場面かんもくを克服し、これを実現した子どもたちがたくさんいます。

自己実現を目指せるマインドを手に入れた子どもたちの未来には、希望しかありません。

2024年8月、パリでのオリンピックにおいて日本人選手が大活躍する中、本書の最終チェックをしています。メダルを掲げて歓喜する選手の後ろには大応援団がいます。場面かんもくを克服しようと頑張っている子どもたちの後ろにも、家族・親族や友人・地域の方、ドクター、学校関係者、対人援助職の方々がいます。みんなで応援して、その子の「なりたい未来」を応援していけたらいいなと思います。

本書を執筆するにあたり、事例提供を快諾していただいた多くのクライアントに深く感謝いたします。

また、場面かんもくの保護者支援の実践の場として、クリニックにおいて「かんもくペアレント・トレーニング」の実施をお許しいただいた、医療法人明薫会理事長・泉薫子先生、熊本心身医療クリニック総院長・岡野高明先生に心より感謝申し上げます。

実践の場所があったからこそ、その後メソッドを発展させ、2021年6月以降コロナ禍においてもオンライン化により、全国のクライアントと触れ合うことができました。

これからも、一人でも多くの場面かんもく児の未来が開かれますように。
そのために、本書が少しでもお役に立てることを願っています。

２０２４年８月

中之園　はるな

【参考文献】

・American Psychiatric Association（2013）Diagnosis and Statistical Manual of Mental Disorders DSM-5 Washington D, C, 日本精神神経学会（監修）高橋三郎、大野裕（監訳）（２０１４）『精神疾患の診断・統計マニュアル第5版』医学書院

・河井芳文・河井英子（１９９４）『場面緘黙児の心理と指導―担任と父母の協力のために―』田研出版

・ベニータ・レイ・スミス、アリス・スルーキン（著）、ジーン・グロス（序文）、かんもくネット（訳）（２０１７）『場面緘黙支援の最前線』学苑社

・クリストファー・A・カーニー　大石幸二（監訳）　松岡勝彦・須藤邦彦（訳）（２０１５）『先生とできる場面緘黙の子どもの支援』学苑社

・R・リンジー・バーグマン（著）園山繁樹（監訳）（２０１８）『場面緘黙の子どもの治療マニュアル　統合的行動アプローチ』二瓶社

・はやしみこ（著）、金原洋治（監修）（２０１３）『どうして声が出ないの？マンガでわかる場面緘黙』学苑社

・久田信行、金原洋治、梶正義、角田圭子、青木路人（２０１６）「場面緘黙（選択性緘黙）の多様性　その臨床と教育」不安症研究、8(1),31-45

・岩坂英巳（２０１２）『困っている子をほめて育てるペアレント・トレーニングガイドブック』

—活用のポイントと実践例—』、じほう

・金原洋治、鮎川淳子、坂本佳代子、冨賀見紀子、木谷秀勝（2009）「選択性緘黙23例の検討—発症要因を中心に—」外来小児科12(1)83-86

・かんもくネット（著）、角田圭子（編）（2008）『場面緘黙Q&A』学苑社

・大井正巳、鈴木国男、玉木秀雄、森正彦、吉田耕治、山本秀人、味岡三幸、川口まさ子、児童期の選択性緘黙についての一考察、精神神経医学雑誌、81(6)365-389

・園山繁樹（1992）行動療法におけるInterbehavioral Psychology パラダイムの有用性—刺激フェイディング法を用いた選択性緘黙の克服事例を通して—．行動療法研究、18,1,61-70.

・ローズマリー・セージ、アリス・スルーキン、杉山信作（監訳）かんもくネット（訳）（2009）『場面緘黙へのアプローチ—家庭と学校での取り組み』田研出版

・角田圭子、高木潤野、臼井なずな、冨岡奈津代、梶正義、金原洋治、広瀬慎一（2022）不安症研究 14（1）, 47-55, Selective Mutism Questionnaire日本版（SMQ-J）の信頼性と妥当性の検討

・高木潤野（2017）『学校における場面緘黙への対応　合理的配慮から支援計画作成まで』学苑社

・内山喜久雄（1959）「小児緘黙症に関する研究-第1報　発要因について」北関東医学、9,772-78

スモールステップ　☆チャレンジシート☆　【家庭編】　氏名

実施日　年　月　日　～　年　月　日（2週間）月～土												
ポイントがもらえる行動 Le2：らくちん　Le3：少し不安	月：　日	火：　日	水：　日	木：　日	金：　日	土：　日	月：　日	火：　日	水：　日	木：　日	金：　日	土：　日
（D例）：約束の時間に自分で起きる ※ほめるためのダミー目標			○	○					○	○		○
（本例①）Le3：祖母・祖父・友達などと電話で話す												
（本例②）Le3：宅配便を受け取る												
（本例③）Le2：自宅で家族以外と関わる（友だちと遊ぶ）												
（D1）												
（本）Le3：												

※D例とは：週の内半分以上できている行動で、ほめるためのダミー（約束の時間に起きる、帰宅後、遊ぶまえにHWをするなど）
※本例とは：本来のチャレンジ目標の例。1つの行に1人だけ入れる。複数人と「電話で話す」チャレンジをする時は下の行に書く
※その行動がしっかりできたら○を付ける。途中までできた、やろうとしたときはその姿勢をほめる。×はつけない。
※行動が想定していたほどできない時は本人と相談して目標を変えてもOK。まずは1週間やってみて、2週目どうするか考える。

始Le　　終Le

プチごほうび

スモールステップ　☆チャレンジシート☆　【地域編】　氏名

実施日　年　月　日 ～ 年　月　日（2週間）月～土												
ポイントがもらえる行動	月：　日	火：　日	水：　日	木：　日	金：　日	土：　日	月：　日	火：　日	水：　日	木：　日	金：　日	土：　日
Le3(例)　近所の人に会釈する								○				
Le2(例)　レジに並んで会計をする(1人で)			○		○					○		
Le1(例)　お店で買いたい商品を取ってくる(1人で)			○		○					○		
Le（　）												
Le（　）												
Le（　）												

※その行動がしっかりできたら○を付ける。途中までできた、やろうとしたときはその姿勢をほめる。×はつけない。
※行動が想定していたほどできない時は本人と相談して目標を変えてもOK。まずは1週間やってみて、2週目どうするか考える。

始Le	終Le
プチごほうび	

スモールステップ　☆チャレンジシート☆　【学校編】　氏名

実施日　　年　　月　　日　～　　年　　月　　日（2週間）月～土												
ポイントがもらえる行動	月：　日	火：　日	水：　日	木：　日	金：　日	土：　日	月：　日	火：　日	水：　日	木：　日	金：　日	土：　日
Le3（例）　誰もいない校庭で誰かと話す（母・友達）		○	○				○			○		
・放課後、校庭で友達と遊ぶ（得意なこと・好きなこと）												
・放課後、誰もいない教室で母とトランプをする												
・放課後、誰もいない教室で母＋友達1人とウノをする												
Le（　）												
Le（　）												
Le（　）												

※その行動がしっかりできたら○を付ける。途中までできた、やろうとしたときはその姿勢をほめる。×はつけない。
※行動が想定していたほどできない時は本人と相談して目標を変えてもOK。まずは1週間やってみて、2週目どうするか考える。

始Le　　終Le

プチごほうび

著者紹介

中之園はるな（なかのその・はるな）

公認心理師、社会福祉士、日本場面緘黙研究会会員、一社）日本行動分析学会会員、メンタルケア心安代表

1960年、山口県生まれ。現在は熊本市に在住。22歳で結婚～出産。思春期になった子どもの不登校に、当時は相談できる専門の心理師等との出会いがなかったため一人で悩んでいた。そんな経験から、子育てが一段落した時、悩んでいる人の助けになりたいと、47歳で大学に入学。心理学を専攻し「認定心理士」を取得。その後、自治体の心理相談員を経て、精神科クリニックに転職。第1回「公認心理師」国家資格に合格。心理師として延べ2000人以上の患者を対象に心理検査やカウンセリングを行っている。

2013年、クリニックで初めて場面かんもくの子どもを担当したことがきっかけで、その改善メソッドを研究・開発し、2020年には「メンタルケア心安」を設立。現在もクリニックにサポート勤務しながら、場面かんもく専門カウンセラーとして活動を続けている。コロナ禍を機に【ミライ開花 SMPT®】として「場面かんもく改善講座」を確立。オンライン化したことから、国内外からのクライアントが受講中。そのサポート人数は親子で延べ4000人。9割の子どもにかんもく状態の改善傾向がみられる。

場面かんもくの子が「自分で考え行動できる人になる」「話せるだけでなくその先の未来まで自分の力で開く」よう、サポートすることがコンセプト。受講生の保護者からも、多くの喜びの声をいただいている。

HP　　LINE　　Instagram

HARUNA130ZONO

わが子《こ》が家《いえ》の外《そと》では話《はな》せないことに気《き》づいたら読《よ》む本《ほん》
～かんもく【場面緘黙《ばめんかんもく》】改善《かいぜん》メソッド～
〈検印省略〉

2024年 9 月 30 日 第 1 刷発行
2025年 5 月 23 日 第 2 刷発行

著 者――中之園 はるな（なかのぞの・はるな）
発行者――田賀井 弘毅

発行所――株式会社あさ出版
〒171-0022 東京都豊島区南池袋 2-9-9 第一池袋ホワイトビル 6F
電 話 03 (3983) 3225（販売）
03 (3983) 3227（編集）
F A X 03 (3983) 3226
U R L http://www.asa21.com/
E-mail info@asa21.com
印刷・製本 (株)シナノ

note http://note.com/asapublishing/
facebook http://www.facebook.com/asapublishing
X https://x.com/asapublishing

ISBN978-4-86667-700-2 C2037